Guido Rüthemann

AF220899

GRUND-
EINKOMMEN
4KLIMA-
RETTUNG
REINER SONNENGESANG?

Impressum

Herausgeber:

das
GRUNDEINKOMMEN
WWW.DAS-GRUNDEINKOMMEN.ORG

Verein zur Förderung der Grundeinkommensidee
www.das-grundeinkommen.org
© 2020, alle Rechte vorbehalten
Bildrechte: Siehe S.63

Bibliografische Informationen derDeutschen Nationalbibliothek:
Die Deutsche Nationalbibliothek verzeichnet diese Publikation
in der der Deutschen Nationalbibliothek, detaillierte bibliografische
Daten sind im Internet über http://dnb.dnb.de abrufbar.

Satz & Layout: Andrea Maier
Korrektorat: Gertaud Endl
Herstellung und Verlag: BoD – Books on Demand, Norderstedt

ISBN: 9783751982887

INHALT

VORWORT

Ein Grundeinkommen wird
unsere Gesellschaft verändern. Das ist bekannt.
Man kennt die Diskussionen über die
Auswirkungen auf den Arbeitsmarkt,
die Arbeitszeit, auf die Gesundheit,
die Frauen und die vielen Formen des Ehrenamtes.
Aber es gibt noch so viele andere Bereiche,
an die man im ersten Augenblick nicht denkt:
Die Bauern, die Kunst, die Kleingewerbetreibenden,
den Verkehr – und eben auch das Klima.

Guido Rüthemann hat sich mit diesem Thema
beschäftigt und hochinteressante Zusammenhänge
gefunden, wie sich ein Bedingungsloses Grundeinkommen
auf unsere Umwelt auswirken würde.
So hat er eine Untersuchung entdeckt, die zeigt,
wie viele Autos in einer Gemeinschaft –
von sagen wir 1000 Personen - gebraucht würden,
die sich die Autos über Car-Sharing teilt.
Trauen Sie sich das zu schätzen?

Lesen Sie dieses Buch und die Antwort darauf
wird nicht das einzige Aha-Erlebnis sein.

Paul J. Ettl, MBA

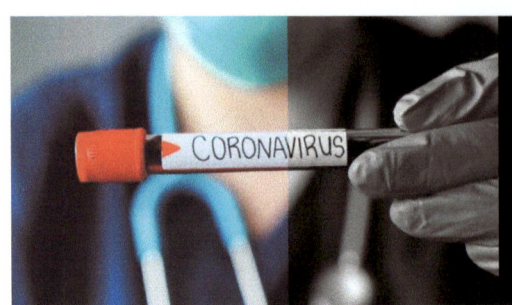

EINE SCHUBUMKEHR DURCH DAS UNSICHTBARE VIRUS.

HÄTTEN SIE, GESCHÄTZTE*R LESER*IN JE GEDACHT – ZUM BEISPIEL AM SILVESTERTAG 2019, ALS SIE GERADE EINEN RUHIGEN MOMENT NUTZTEN, SICH EINIGE WÜNSCHE UND ERWARTUNGEN ZUM KOM-MENDEN NEUEN JAHR DURCH DEN KOPF GEHEN ZU LASSEN –, DASS DINGE WIE DIE FOLGENDEN EINTREFFEN KÖNNTEN BEZIEHUNGSWEI-SE, WENN SIE VIELLEICHT JEMAND DARAUF ANGESPROCHEN HÄTTE, SICH SOGAR GETRAUT, MIT JEMANDEM DARAUF ZU WETTEN, DASS...

- die Eingabe „Covid-19 und Grundeinkommen" Ende Mai dieses Neuen Jahres zu über 1.500.000 Treffern in Internet-Suchmaschinen führen würde?
- an Ostern Papst Franziskus I. in den Ruf nach einem Grundeinkommen mit einstimmen würde? (Vgl. dazu Kap. 5)
- Spanien noch vor Jahresmitte 2020 ein minimales Grundeinkommen einführen würde?
- in Österreich Künstler*innen ebenfalls, vorerst einmal für ein halbes Jahr, monatlich 1.000,- Euro bedingungslos auf ihr Konto überwiesen bekommen würden?
- der österreichische Gewerkschaftsvorsitzende Wolfgang Katzian sich für eine Debatte zum Grundeinkommen offen zeigen würde?
- die Volkshilfe in Freistadt am 1. Mai, dem Tag der Arbeit, mit der Forderung nach einem Grundeinkommen in der Öffentlichkeit auftreten würde?

und – selbstverständlich, aber nicht zu vergessen
- die Grundeinkommensinitiativen den unüberhörbaren Gesang dieses vielstimmigen Chors mit unterschiedlichsten Appellen und Unterschriftenaktionen verstärken würden?
- die EU-weite Bürgerinitiative zum Grundeinkommen, die ab Ende September 2020 unterzeichnet werden kann: https://eci-ubi.eu ?
- fast unmittelbar nach dem Ende der Eintragungswoche für ein Grundeinkommen im Spätherbst 2019 in Österreich gleich ein zweiter solcher Vorstoß unternommen werden und diesen schon zur Jahresmitte 2020 und rund einnelnhalb Jahre vor der Eintragungswoche bereits an die 45.000 Menschen unterschrieben haben würden?

und, und, und ???

Zu welchem dieser Punkte hätten Sie zu Silvester 2019 je eine Wette abgeschlossen? Eben! Fehlt nur noch, dass sich auch der Herr Bundespräsident für das Grundeinkommen (offiziell, natürlich!) zu begeistern beginnt. :)

*

ÜBRIGENS:
Bei Interesse können auch Sie sofort unterzeichnen! Denn diese Ihre Unterschrift wird natürlich mitgezählt, ohne dass Sie dies in der Eintragungswoche nochmals wiederholen müssen – und je höher schon beim Start in diese 7 Tage die dann erreichte Unterschriftenzahl sein wird, umso besser. Also möglichst gleich jetzt den folgenden Link aufrufen und bitte signieren:

http://www.volksbegehren-grundeinkommen.at

Mit diesen Fakten sollen jedoch nicht die so zahlreichen und schweren weltweiten Folgen von Corona weggeredet oder bagatellisiert werden. Keinesfalls. Diese sind schließlich nicht zu übersehen und Berichte über die politischen Reaktionen auf die gefährliche Pandemie füllen die Medien und lösten und lösen ihrerseits vielfältige Analysen aus. Auf nur eine von ihnen möchte ich als ein lesenswertes Beispiel verweisen, nämlich auf den Artikel von Johannes Mosmann (2020), der vieles aufzeigt, was dabei gerne übersehen wird.

Was wäre, wenn...

Vor einigen Jahren erschien „Sonnenfinsternis 2064, ein Roman" (Rüthemann, 2013). Einer der roten Fäden, die durch diesen Text führen, ist ebenfalls das Grundeinkommen. Der Untertitel lautet: Eine Zeitreise. Die Ereignisse in dieser Fiktion werden um Naturereignisse gruppiert beziehungsweise mit Terminen von Sonnenfinsternissen verknüpft, um welche gelegentlich auch spezielle gesellschaftliche Dynamiken stattfinden.

So entsteht im Jahr 2064 in Chile rund um eine Sonnenfinsternis eine so starke Bewegung, die dort (fiktiv) zur Einführung des Grundeinkommens führen wird. Das alles scheint und ist irgendwie weitweit weg! Ja – aber in „Nachsätze" (S. 263f.) habe ich den Zeithorizont dieser etwas ferneren Spielereien rund um das „Was wäre, wenn..." dann doch relativiert und dabei zumindest angedacht bzw. gewünscht, der Lauf dieser Dinge könnte oder besser möge doch ein rascherer sein: „Durch die Anlehnung (der Ereignisse und gesellschaftlichen Veränderungen in dieser fiktiven Zeitreise, GR) an die ausgewählten astronomischen Schnittpunkte der Mond- und Erdbahnen werden aktuelle Vorgänge möglicherweise entschleunigt dargestellt, während sich die Prozesse selber in ganz anderen Geschwindigkeiten abspielen."

Und tatsächlich erlebe ich nun, was das Grundeinkommen betrifft, im ersten Halbjahr 2020 eine solche Beschleunigung, eigentlich eine Schubumkehr: Jetzt kämpfen Aktivist*innen nicht mehr gegen den Wind, sondern spüren erfreulicherweise dessen Kraft in ihren Rücken. Ausgelöst ebenfalls, zumindest aufs Erste und oberflächlich betrachtet, durch ein Naturereignis: das kleine unscheinbare Virus. Soviel einleitend zu Corona und Grundeinkommen. Die Pandemie hat globale Ausmaße in einem doppelten Sinn. Sie erfasste und erfasst alle Menschen rund um den Globus und ganz global und generell alle Lebensbereiche, den Alltag jeder und jedes Einzelnen ebenso wie alle gesellschaftlichen Bereiche; also nicht nur das Gesundheitswesen, sondern genauso Politik, Wirtschaft und Arbeitswelt, Kultur, Sport, Religion, Bildung und Wissenschaft, Medien, Mobilität.

Und auch zur Klimafrage gibt es Bezüge (vgl. z.B. Descamps, Thierry 2020), die einleitend wenigstens mit einigen Sätzen zu schildern sind. Die Schließung von Grenzen brachte den Flugverkehr praktisch zum Erliegen.

Gut fürs Klima? Kurzfristig freuten sich viele Städter*innen über einen für sie offensichtlich erstaunlich klaren Himmel. Wie langfristig dieser Effekt anhält, ist wieder eine andere Frage. In Kapitel 4 wird dies anzuschneiden sein. Einen ganz anderen Zusammenhang offenbarte die Frage nach der/den Ursache/n der Pandemie: Was die Übertragung von Fledermausspeichel auf Menschen mit dem Abholzen von Wäldern zu tun hat, und dass es höchstwahrscheinlich eine Mutation im Rahmen einer solcher Weitergabe war, die zum Covid-19-Virus führte, habe ich zum ersten Mal im März in einem Artikel von Sonia Shah (2020) gelesen.

Da übrigens auch der Buchmarkt schon mit ersten Veröffentlichungen zu diesem Jahrhundertereignis aufwartet, breche ich das Coronathema an dieser Stelle wieder ab. In Verweisen innerhalb der folgenden Kapitel wird es neuerlich begegnen. Bevor ich in Kap.2 kurz auf mein/unser Grundeinkommensverständnis eingehe, sei dieses erste Kapitel mit einer wichtigen Bemerkung von Ralf Dahrendorf (2007) beendet: Er legt großen Wert darauf, dass, wenn denn die Einführung des Grundeinkommens umgesetzt werden sollte, dies verfassungsmäßig abzusichern sei! Weil andernfalls es zu stark der Gefahr ausgesetzt wäre, aufgrund von politischen Alltagszufälligkeiten wieder ausgehebelt zu werden. Nun: Das oben erwähnte Volksbegehren zielt zum Einen tatsächlich auf eine Verankerung in der Verfassung und zum Andern gilt es jetzt die „Stunde" von Covid-19 zu nutzen und diese dramatische Krise ins Positive zu wenden!

„Verfassungsökonomen (constitutional economists) haben mit Recht bemerkt, dass die von ihnen geforderten nachhaltigen Bindungen der Politik sich nur in ungewöhnlichen Situationen durchsetzen lassen. ...Es mag sein, dass etwas Ähnliches für das garantierte Mindesteinkommen gilt."
Ralf Dahrendorf (2007)

„...gut, dass ich nicht auf der Bühne des Burgtheaters stehe."

KAY SARA

Die Wiener Festwochen fanden – Corona-bedingt – 2020 nicht statt. Und Kay Sara, eine der letzten Toriano, eines indigenen Volkes im Amazonas-Becken, hat in Wien keine Eröffnungsansprache halten können. Sie wäre die erste Indigene gewesen, die bislang „am größten und reichsten Theater der Welt", wie ihr gesagt worden war, dieses Festival eröffnet hätte. Der Standard veröffentlichte anstatt dessen einen auf die Lockdown-Situation abgestimmten Redetext, welchen die Schauspielerin aus dem Brasilianischen Urwald Regisseur Milo Rau übermittelt hat: ein aufrüttelnder Text, in dem Geschichte, Geschichtsschreibung, Kultur, Klima- und Umweltkatastrophe, ihre Rolle als Antigone, die sie hätte spielen sollen, angesprochen werden; ein Plädoyer gegen die „Integration in kapitalistische Strukturen" wie Kay Sara schreibt.

Und weil es jetzt, in dieser Situation der Pandemie nicht mehr um Kunst, nicht mehr ums Theater gehe, sondern um das Leben, begründet Kay Sara, sei es „gut, dass ich nicht auf der Bühne des Burgtheaters stehe".

Diese nie vorgetragene Rede enthält „sprechende" Bezüge zu fast jedem der folgenden Kapitel. Sie ist gleichsam zu lesen als eine mahnende Stimme, die uns in Europa aus weiter Ferne ganz direkt ansprechen will und die sehr viel zu sagen hat. In Form von ausgewählten Zitaten wird sie daher an je passender Stelle der folgenden Seiten immer wieder eingeblendet werden – ganz im Sinne des Untertitels des Buches von Büchele/Wohlgenannt zum Grundeinkommen (2016[2]): Auf dem Weg zu einer kommunikativen Gesellschaft.

„Meine europäischen Freunde haben mich gefragt, wie es mir geht. Mir geht es gut. Ich befinde mich im Wald bei meinem Volk, ganz im Norden Brasiliens, am Ufer des Flusses Oiapoque. Die Natur umgibt mich, sie beschützt und nährt mich. Ich lebe im Rhythmus des Gesangs der Vögel und des Regens, und ich führe die Rituale aus, die mich in Kontakt zu meinen Vorfahren bringen. Zum ersten Mal seit 500 Jahren sind Europa und Amerika wieder von einander getrennt."

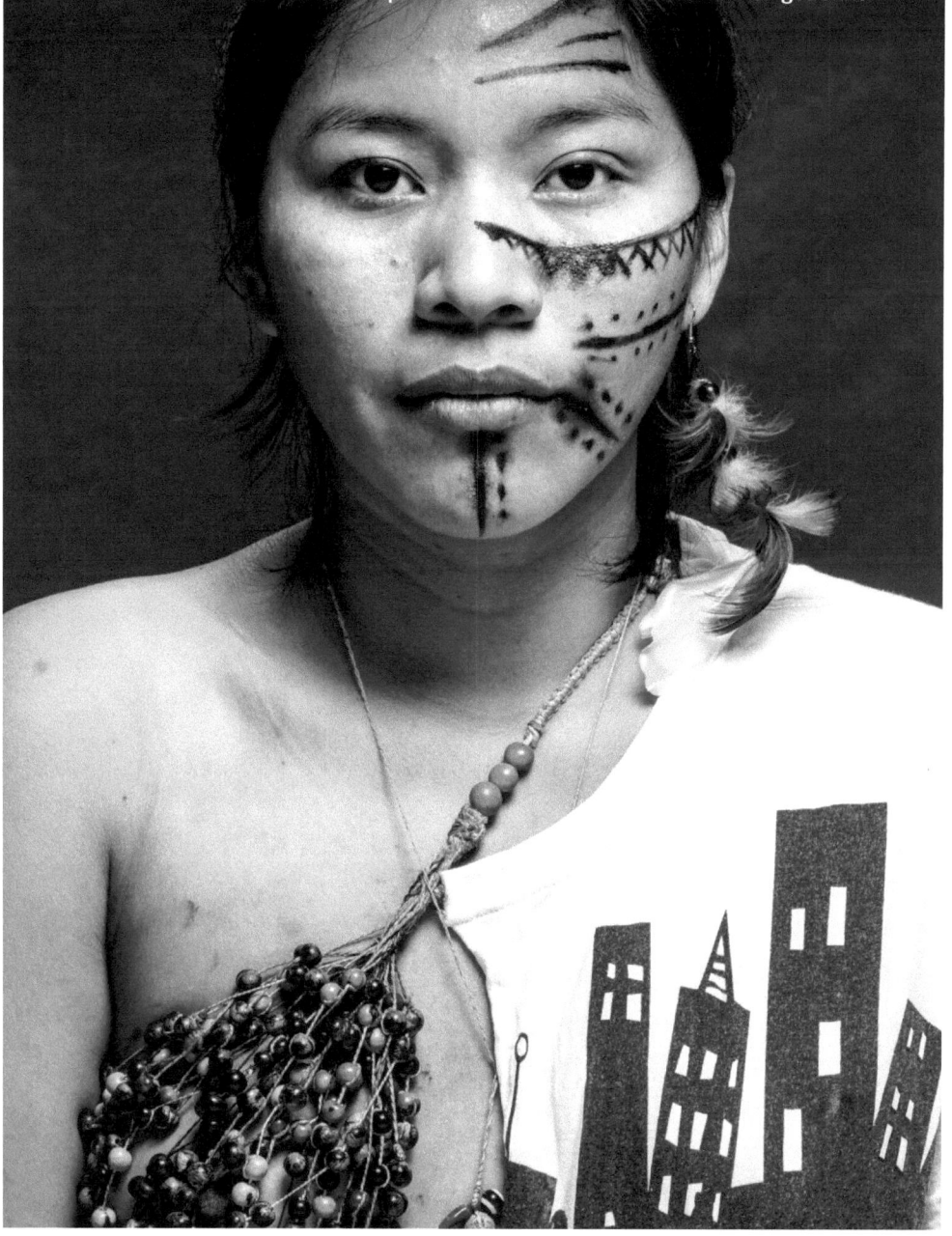

GRUND-
EINKOMMEN
4 ALLE!

DAS GRUNDEINKOMMEN - EMANZIPATORISCH.

HIER WERDEN WEDER UNTERSCHIEDLICHE GRUNDEINKOMMENSAN-
SÄTZE UND SCHON GAR NICHT DIE DIVERSEN FINANZIERUNGSMO-
DELLE VORGESTELLT ODER DEBATTIERT. LEDIGLICH AUF SO ETWAS
WIE EINEN KLASSIKER, WENN ES DENN BEIM GRUNDEINKOMMEN
EINEN SOLCHEN SCHON GIBT, MÖCHTE ICH HINWEISEN (BÜCHELE/
WOHLGENANNT 2016[2]) UND ANSONSTEN JENES GRUNDEINKOM-
MENSVERSTÄNDNIS IN WESENTLICHEN ZÜGEN DARSTELLEN, AN WEL-
CHEM WIR UNS ALS VEREIN „DAS GRUNDEINKOMMEN" ORIENTIEREN:

Es ist das emanzipatorische Grundeinkommen, für welches international breit abgestimmt vier Kriterien festgelegt wurden und anerkannt sind. Ich folge dabei der Präsentation von Paul Ettl (2020):

Grundeinkommen ist eine bedingungslose, finanzielle Zuwendung, die jedem Mitglied der Gesellschaft in existenzsichernder Höhe, ohne Rücksicht auf sonstige Einkommen, auf Arbeit oder Lebensweise als Rechtsanspruch zusteht und eine Krankenversicherung inkludiert, also nicht gegen sozialstaatliche Leistungen gerichtet ist. Im Gegenteil, auch wenn einzelne Leistungen wie insbesondere jene aus einer Arbeitslosenversicherung mit Grundeinkommen obsolet werden, verfolgt ein emanzipatorischer Grundeinkommensansatz doch das Ziel den Sozialstaat insgesamt weiterzuentwickeln.

GRUNDEINKOMMEN IST

Allgemein: Alle Bürger*innen, alle Bewohner*innen des betreffenden Landes müssen tatsächlich in den Genuss dieser Leistung kommen;

Existenzsichernd: Die zur Verfügung gestellte Summe soll ein bescheidenes, aber dem Standard der Gesellschaft entsprechendes Leben, die Teilhabe an allem, was in dieser Gesellschaft zu einem normalen Leben gehört, ermöglichen;

Personenenbezogen: Jede Frau, jeder Mann, jedes Kind hat ein Recht auf Grundeinkommen. Nur so können Kontrollen im persönlichen Bereich vermieden werden und die Freiheit persönlicher Entscheidungen gewahrt bleiben;

Bedingungslos soll das von uns geforderte Grundeinkommen deshalb sein, weil wir in einem Grundeinkommen ein Bürger*innenrecht sehen, das nicht von Bedingungen (Arbeitszwang, Verpflichtung zu gemeinnütziger Tätigkeit, geschlechter-rollenkonformes Verhalten etc.) abhängig gemacht werden kann.

Ettl konkretisiert diese vier Kriterien noch daraufhin, was sie in Hinblick auf drei Aspekte bedeuten, nämlich dass sie Arbeits-unabhängig, ohne eine Armutsfalle und demokratisch umzusetzen seien (vgl. ebd. S. 8). So wie er es tut, ist zudem festzuhalten: Sollte in diesem Band (so wie in der obigen Definition) einmal nur vom „Grundeinkommen" die Rede sein, so ist immer das emanzipatorische, bedingungslose Grundeinkommen gemäß dieser vier Kriterien gemeint. Ich möchte zudem auf zwei Punkte in aller Kürze hinweisen: dessen Finanzierbarkeit und dessen globale Dimension.

ZUM EINEN: Alleine schon die Vielfalt von Finanzierungsansätzen, die es gibt, zeigt: Grundsätzlich ist das Grundeinkommen finanzierbar – und speziell bei dieser Frage ist es nochmals betonenswert: das gilt auch für den emanzipatorischen Ansatz. Nicht die Finanzierbarkeit ist eigentlich die Frage, sondern vielmehr jene nach dem Finanzierungsmodell. Dazu stellt Ettl als gelernter Mathematiker einen insofern interessanten Vorschlag vor (ebd.: gerechnet für Österreich; allerdings mit Querverweisen zu Deutschland), als dieser (lediglich) auf eine, sogar relativ moderate, Steuerreform des bestehenden Besteuerungssystems hinausläuft. Dabei gelangt er zu zwei hochinteressanten Ergebnissen:
Er fügt das Grundeinkommen zu den zur Zeit bestehenden sieben besteuerten Einkommensarten als eine achte hinzu und schlägt in Folge schlicht vor, die Besteuerungssätze der bereits bestehenden Tarifzonen zu modifizieren. Selbstverständlich steht das Grundeinkommen allen Menschen im Land zu. Aber da es als Einkommen gezählt wird, ist die schon bislang nicht versteuerte Basisstufe 1 neu genau auf jenen Betrag zu erhöhen, auf die das Grundeinkommen bei dessen allfälliger Einführung politisch festgelegt wird. Es bleibt somit jedenfalls steuerfrei und für alle garantiert erhalten. Alle weiteren Einkommen, die es ja nach wie vor geben wird, sind zu versteuern, wie gesagt bei etwas veränderten Steuersätzen der weiteren Steuertarifzonen.

Als Ergebnis besonders hervorhebenswert:
Bei Auszahlung eines Grundeinkommens in Höhe des Existenzminimums würden **über 80% der Steuerzahler*innen netto unter dem Strich mehr in ihrem Geldbörserl** vorfinden. Bei den verbleibenden knapp 20%, das sind Bezieher von Einkommen über 45.000,- € jährlich und besonders die Einkommensmillionäre, würde die zusätzliche Steuerlast, die sie zu begleichen hätten, die Ausschüttung des Grundeinkommens übersteigen. Die Einführung des Grundeinkommens könnte so betrachtet, der Beginn einer Trendumkehr sein, nämlich der inzwischen seit Jahrzehnten zu beobachtenden Umverteilung von unten nach oben! Und zudem, so Ettl's Schätzung, bewegt sich der zusätzliche Finanzierungsbedarf in etwa im Rahmen einer Steuerreform, wie sie ohnehin regelmäßig ausgehandelt wird. Die Finanzierung ist dementsprechend nicht das Problem der Einführung, zumindest nicht das Hauptproblem.

> „Die Sache ist so einfach:
> Es gibt keinen Gewinn in dieser Welt.
> Es gibt nur das Leben."

KAY SARA

ZUM ANDERN: Steigt, global betrachtet, die Dynamik zugunsten des Grundeinkommens in jüngster Zeit beachtlich. Innerhalb von nur knapp einem Monat ist es z.b. gelungen, dass sich **96 Organisationen aus 45 Ländern** (darunter aus Österreich vier Organisationen und unter ihnen auch unser Verein „Das Grundeinkommen") für einen Brief koordinierten, welcher am 1. Mai 2020 an UN-Generalsekretär A. Guterres übermittelt wurde und in welchem ein Gespräch zum Thema Grundeinkommen mit ihm angestrebt wird.

Ob damit zusammenhängend oder nicht spielt hier nicht wirklich eine Rolle, jedenfalls hat Assistant Secretary-General of the UN, **Kanni Wignaraja** (2020), seither bereits mehrfach öffentlich und sehr positiv zum Grundeinkommen Stellung bezogen, unter anderem z.B. am 6. Mai 2020 in einer Pressemitteilung der UNDP (UN Development Programm) und in einem Artikel am 13. Juli 2020 in Basicincometoday.com.

António Guterres (7. Juli 2020) selber hat z.B. eine robustere Global Governance eingefordert sowie am 18. Juli 2020 bei der Gedenkveranstaltung zu Nelson Mandela direkt zum Grundeinkommen Stellung bezogen. Überraschend wäre es daher, wenn die offizielle Antwort auf das Schreiben vom 1. Mai 2020 nicht ebenfalls eine positive Stellungnahme beinhaltete.

„A changing world requires a new generation of social protection policies with new safety nets including Universal Health Coverage and the possibility of a Universal Basic Income."
A. Guterres (2020)

15

VORRANG
DES SOZIALEN
4 KLIMA-
GERECHTIGKEIT!

FRANKREICH'S GELBWESTEN-BEWEGUNG ALS HEFTIGE REAKTION AUF EINE MASSIVE ERHÖHUNG DES BENZINPREISES ZEIGTE EINES RECHT DEUTLICH: OHNE BERÜCKSICHTIGUNG SOZIALER GEGE-BENHEITEN IST ES NICHT ZIELFÜHREND, ÖKOLOGISCHE ANLIEGEN UMSETZEN ZU WOLLEN, SELBST WENN DIESE, WAS NOTWENDIGE MASSNAHMEN ZUM SCHUTZ DES KLIMAS BETRIFFT, FÜRS ERSTE ZUMINDEST, ALS DURCHAUS SINNVOLL ERSCHEINEN, SO WIE DER ANGESTREBTE START IN EINE VERMINDERUNG FOSSILER ENERGI-ENUTZUNG, WELCHE ZU INITIIEREN MACRON JA MIT DER PREIS-ERHÖHUNG EIGENTLICH ANGESTREBT HATTE. DOCH WAR EBEN DIE MIT DIESEM ZIEL VERORDNETE MASSNAHME IN KEINSTER WEISE SOZIAL VERTRÄGLICH, GESCHWEIGE DENN ABGESTIMMT.

Im Gegenteil: Bei teilweise bereits ausgedünnter Struktur des öffentlichen Verkehrs wurden durch diese Maßnahmen jene vielen besonders hart getroffen, die ohnehin schon wenig verdienen, aber für ihre Arbeitswege verstärkt auf ihre Privatautos angewiesen waren. Und so wurde die ökologisch argumentierte Benzinpreissteigerung zu jenem Funken, welcher eine breite soziale Bewegung ausgelöst hat, die Macron zumindest in Bedrängnis bringen und unter dem Namen „Gelbwesten" international Furore machen sollte.

Im Überlebenskampf von Benachteiligten und Armen geht Lebenssicherung vor Schutz von Umwelt und Klima. Dies gilt global und generell und genau dieses „Gesetz" ist zu beachten, wenn ökologische Politik nachhaltig gestaltet werden soll. Grundeinkommensaktivitst*innen verpackten diese Einsicht in den Slogan:

„KOHLE STATT KOHLE"
Damit wird – prägnant einprägsam und witzig zugleich – zweierlei angesprochen: Existenzsicherung und Klimaerhalt sind eng, aber widersprüchlich miteinander verbunden: Kohle, sprich Geld beziehungsweise Lohneinkommen, und Kohle, die für fossile Energien steht, vertragen sich schlecht. Das „Statt" signalisiert es. Zweitere gehört ersetzt und das funktioniert nur, wenn die andere „Kohle", die materielle Basis, stimmt.

KAY SARA

„Lange Zeit wurde unsere Geschichte mit den Worten von Nicht-Indigenen erzählt. Nun ist es an der Zeit, dass wir selbst unsere Geschichte erzählen. Unser Unglück begann, als die Spanier und Portugiesen in unser Land kamen. Zuerst kamen die Soldaten, dann kamen die Geistlichen. Mit den Europäern kamen die Krankheiten zu uns. Millionen starben. Weitere Millionen starben von der Hand der Soldaten und der Geistlichen, im Namen des einen Gottes und der einen Zivilisation, im Namen des Fortschritts und des Gewinns."

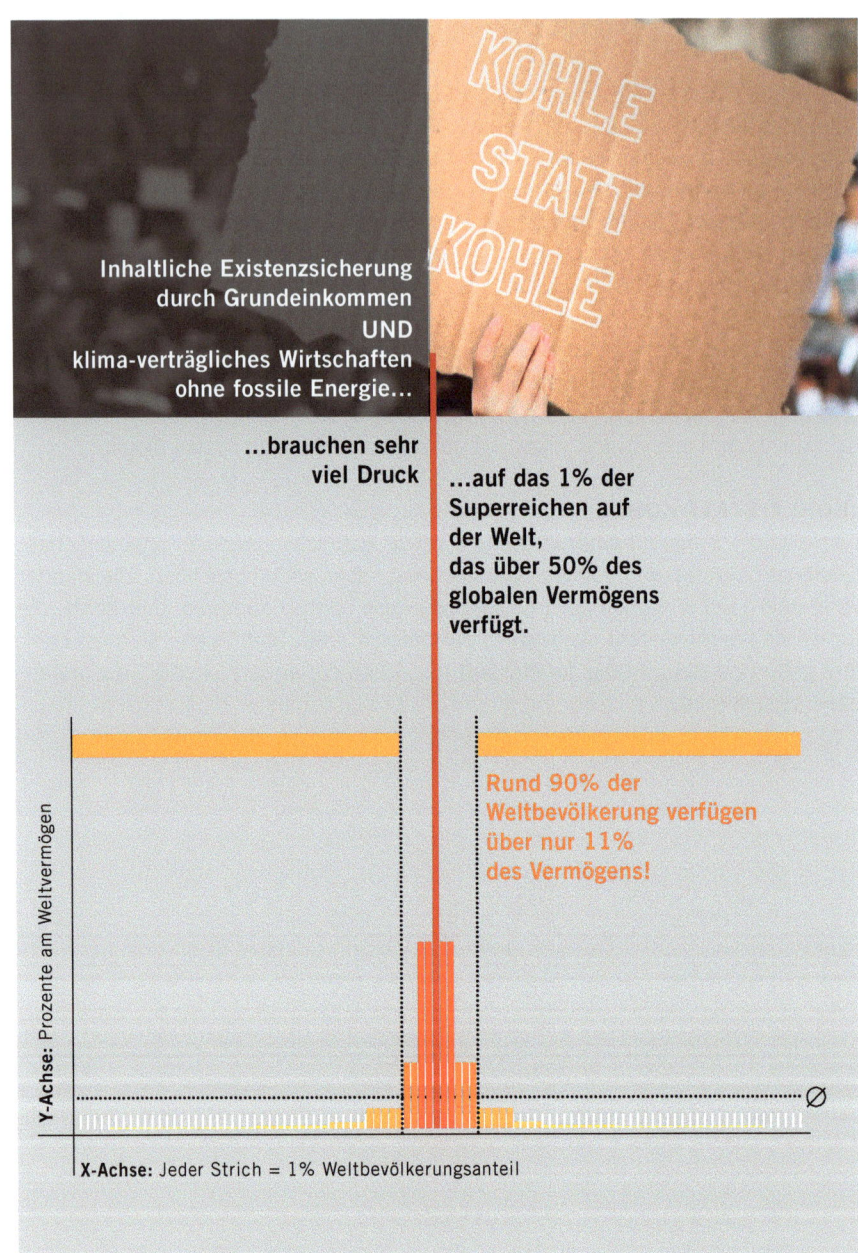

Inhaltliche Existenzsicherung
durch Grundeinkommen
UND
klima-verträgliches Wirtschaften
ohne fossile Energie...

...brauchen sehr
viel Druck

...auf das 1% der
Superreichen auf
der Welt,
das über 50% des
globalen Vermögens
verfügt.

Rund 90% der
Weltbevölkerung verfügen
über nur 11%
des Vermögens!

Y-Achse: Prozente am Weltvermögen

X-Achse: Jeder Strich = 1% Weltbevölkerungsanteil

Quelle Grafik „Globale Vermögensverteilung" AUS:
Exenberger u.a., GLOBO. Eine neue Welt mit 100 Menschen, Innsbruck 2020.

Mit diesem im übertragenen Sinn, und im deutschen „Kohlerevier" natürlich besonders gern verwendeten Wort „Kohle" wird letztlich provokant und fordernd in den Raum gestellt: Existenzsicherung, soziales, humanes und würdiges Menschsein-Können steht allen zu! Ja, ihnen kommt Vorrang zu. Oder anders formuliert: Wessen Existenz gesichert ist, der wird auch in möglichst intakter Umwelt leben wollen. Wem Grundeinkommen zusteht und wer es anderen zugesteht, wird also mit überlegen wie er/sie beziehungsweise alle wohl leben können: sozial und ökologisch.

Dies lässt sich auch von der anderen Seite betrachten:
Wenn es für Menschen beim Materiellen knistert oder sogar mehr als knistert, dürften Fragen von Klima und Umwelt zweitrangig werden. Das gilt durchaus in beiden Richtungen, nämlich für all die unsozial Reichen und Superreichen, für welche andere Menschen genauso wie „Natur" nichts anderes als kostenlos bis billigst zu gebrauchende Ressourcen sind. Für all die deswegen Leidtragenden und sozial Benachteiligten dagegen trifft es wieder in einem ganz anderen Sinne zu und da ist noch einige Momente zu verweilen und Betroffen-Machendem nicht auszuweichen:
Die Gelb-Westen organisierten ihren Widerstand tatsächlich mit viel Druck, offensiv und durchaus auch mit Aggression. Eine ganz andere Reaktion am andern Ende des menschlichen Handlungsspektrums sind Flucht und dabei das Eingehen von oft lebensgefährlichen Risiken und nur zu oft ein stiller, fast unbemerkter Rückzug aufgrund von Verzweiflung und Ohnmacht. Die unerträglichen Bilder all der gekenterten Flüchtlinge im Mittelmeer hängen zu einem nicht unwesentlichen Teil mit ökologischen Katastrophen in afrikanischen Ländern zusammen. Und Aric McBay berichtet im 2. Kapitel des Buches „Deep Green Resistance" von Beispielen aus Indien, wo es Gegenden gebe, in welchen aufgrund von industrieller oder großlandwirtschaftlicher Wassernutzung der Grundwasserspiegel dermaßen gesunken sei, dass es kleineren Subsistenzlandwirt*innen nicht mehr möglich sei, Wasser mit ihren Handpumpen fördern zu können: „Ein Desaster," schreibt er, „das zu einem dramatischen Anstieg der Selbstmordrate geführt hat. Ungefähr die Hälfte aller von Hand gegrabenen Brunnen – in einigen Gegenden bis zu 95 % – sind ausgetrocknet, was die Bevölkerung dazu zwingt, ihre Dörfer zu verlassen." (Jensen, Keith, McBay 2020).

All das – und weitere Beispiele gibt es leider wirklich ungezählt viele – zeigt: Die Klimakrise ruft nicht nur nach ökologischen Strategien, sondern bedarf sozialer und gesellschaftspolitischer Antworten, dies sogar höchst dringend, sollen sich all die sinnvollen technischen Ansätze, die es ja gibt, auch erfolgversprechend umsetzen lassen.

ZUM GESCHICHTLICHEN HINTERGRUND VON „GESELLSCHAFT" UND „NATUR"

Jason W. Moore, ein amerikanischer Soziologe, Umwelthistoriker und historischer Geograf, zählt sich zu einer Forschergruppe, die den Dualismus „Gesellschaft/ Natur" und dessen Entstehungsbedingungen untersuchen. Von ihm möchte ich einige aussagekräftige Sätze aus einem kürzlich erschienenen Interview zitieren (Moore 2020): „Mir geht es darum zu zeigen, dass die kapitalistische Moderne immer spezifische umweltmachende Projekte entwickelt hat." Vor dem Hintergrund, dass vorkapitalistische Gesellschaften keine strikte Unterscheidung zwischen sich und der Umwelt gekannt haben, oder anders gesagt, Umwelt als Teil von sich oder sich als Teil von Umwelt erlebt haben, lässt sich eben in Folge sagen, dass Menschen historisch betrachtet in einer bestimmten Epoche begrifflich sich selber, bzw. ihre Gesellschaft von Natur als einem Gegenüber, einem Anderen abgegrenzt, verselbstständigt haben. Mit dieser politisch-praktischen Unterscheidung von Zivilisation – Wildnis haben sie „Natur" erfunden, eine „Erfindung", welche Moore und seine Kolleg*innen mit der Entstehung kapitalistischen Wirtschaftens in Zusammenhang bringen. „Man könnte also sagen," so Moore wieder wörtlich, „der Aufstieg des Kapitalismus beruht auf der Erfindung der ,Natur'. ... Das ist auch deshalb so wichtig, weil diese begriffliche Differenzierung historisch eng mit Patriarchat und Rassifizierung verknüpft ist. Viele Menschen wurden aus dem Zivilisationsprojekt ausgeschlossen und der Wildnis zugeordnet: Frauen, Nichtweisse und im Besonderen Afrikanerinnen, Indigene, Kelten und Slawinnen. ... Jeder kapitalistische Sprung beruhte auf einer noch größeren Welle der Aneignung von kostenloser Arbeit von Frauen, Natur und Kolonien mithilfe von Gewalt, Kultur und Wissenschaften."

Das alles ist hier extrem knapp zusammengefasst. Schon ein Interview strafft Zusammenhänge und hier ist dieses nochmals nicht ohne die Auslassungen „..." wiedergegeben. Es möge zum eigenen Nachlesen anregen. Erkenntlich wird jedoch das Folgende: „Natur" ist nur ein Teil von all dem, was hier unter „Wildnis" verstanden wird, von all dem, was „Zivilisation" gegenübergestellt wurde und wird, um von dieser kostenlos (oder vermeintlich kostenlos) bis billigst angeeignet werden zu können. Das heißt „Natur", so verstanden, ist eben Teil eines als gesellschaftlich-sozial verstandenen (Ausgrenzungs-)Prozesses. Damit wird nochmals von einer ganz anderen, diesmal historisch/systematischen Seite her der „Vorrang" des Sozialen oder allgemeiner, des Gesellschaftlich-Politischen gerade auch für die ökologische Fragestellung untermauert!

Den Ausgrenzungen, welche Patriarchat bzw. Kolonial- oder Imperialismusgeschichte geschaffen und durchgesetzt haben, wurde bekanntlich längst, wenn auch unterschiedlich erfolgreich Widerstand entgegengesetzt: Stichworte dafür sind insbesondere Arbeiterbewegung, Feminismus, Antirassismus und -kolonialismus. Auch darauf ist hier nicht weiter einzugehen, jedoch in einem ergänzenden Sinne auf folgende, gerade für den vorliegenden Zusammenhang höchst interessante Thesen oder Beobachtungen aufmerksam zu machen, was wiederum ganz komprimiert, mit nur zwei kurzen wörtlichen Zitaten geschieht: „Der Klimawandel untergräbt das Modell der billigen Natur." „Die Macht des einen Prozents gerät unter Druck".

„Der Klimawandel untergräbt das Modell der billigen Natur." Jason W. Moore

Dabei sind mit dem einen Prozent jene wenigen Superreichen gemeint, die über 50%, also über die Hälfte des globalen Vermögens verfügen. Und tatsächlich zählen sie nicht mehr als 1% der Weltbevölkerung (vgl. dazu auch die Grafik). Moore sieht also sowohl in der sozialen wie ökologischen Krise durchaus Möglichkeiten, „uns eine nichtkapitalistische Gesellschaft vorzustellen", und kann dabei – als Historiker – nochmals höchst interessante Bezüge herstellen: „Als Westrom zusammenbrach, kollabierte die Welt der oberen ein bis zehn Prozent, doch für etwa fünf Millionen Menschen bedeutete es das Ende der Sklaverei und die Bauernschaft erlebte in Zentraleuropa im 6. und 7. Jahrhundert eine Art goldenes Zeitalter. Ganz ähnlich war auch das Ende des europäischen Feudalismus, der durch Pandemien und Klassenkämpfe besiegt wurde. Damals stieg der Lebensstandard für Bauern und Arbeiterinnen für etwa 150 Jahre, bis es zu einer Gegenrevolution kam." (ebd.)

GRUND-
EINKOMMEN
4 WOHLFÜHLKLIMA!

FÜR MÖGLICHE AUSWIRKUNGEN EINER EINFÜHRUNG DES EMANZIPA-
TORISCHEN GRUNDEINKOMMENS AUF UMWELT UND KLIMA KONNTE ICH
BEI MEINER RECHERCHE ZU DIESER BROSCHÜRE NUR RELATIV WENIGE
ARBEITEN UND STUDIEN FINDEN: IN DEN DISKUSSIONEN UND VIELEN
VERÖFFENTLICHUNGEN ZUM GRUNDEINKOMMEN WERDEN ÖKOLOGI-
SCHE FRAGESTELLUNGEN EHER SELTEN AUFGEGRIFFEN UND IN ALL
DEN INZWISCHEN KAUM MEHR ZU ÜBERBLICKENDEN UNTERSUCHUN-
GEN UND FORSCHUNGEN, DIE ES ZUM ZWEITEN DER BEIDEN BEREICHE
GIBT UND DIE MIR BEKANNT SIND, WIRD WIEDERUM DAS GRUNDEIN-
KOMMEN DE FACTO NICHT MIT IN DIE ÜBERLEGUNGEN EINBEZOGEN.

Insofern geht es in diesem Kapitel mehr darum, Fragestellungen aufzuwerfen und, wenn es so gelingen sollte, via Indizien und Hinweisen ev. sogar weitere Arbeitsprojekte anzuregen, wäre allein damit schon viel erreicht. Eine hochinteressante Frage ist es allemal, Berührungspunkte zwischen Grundeinkommen – Umwelt zu suchen und Beziehungen zumindest hypothetisch zu benennen. Dies geschieht hier auf vier verschiedenen Feldern – Lebensstil, Wirtschaftswachstum, Mobilität und Steuerpolitik – und bei deren Durchschreiten begegnen Sie möglicherweise auch Unerwartetem oder Überraschendem.

KAPITEL 4A

ALLTAGSVERHALTEN
4 BESSERES WELT-
UND LEBENSKLIMA

Wann haben Sie, geschätzte Leserinnen und Leser, zum letzten Mal noch konsumierbare Lebensmittel dem Mistkübel anvertraut? Oder verfügen Sie vielleicht über eine Waschmaschine, die so gebaut ist, dass sich bei einem Defekt auch eine Reparatur lohnt? Und warum – so möchten Sie vielleicht gleich zurückfragen – werde ich jetzt darauf angesprochen? Was hat dies mit dem Grundeinkommen zu tun?

Nun: Unser aller Lebensstil ist, nebst aller individuellen Entscheidungen und Vorlieben, mittels welcher wir diesen selbstverständlich gestalten, nicht unwesentlich und unleugbar mitgeprägt vom gesamtwirtschaftlichen Umfeld, in dem wir leben. Denn, wenn einer Waschmaschine, so wie vielen anderen Geräten auch, ein funktionsnotwendiges Element eingebaut ist, das geplanterweise nach einer bestimmten und möglichst nicht allzu langen Betriebsdauer defekt wird, eine allfällige Reparatur, wenn es denn dieses Ersatzteil überhaupt noch gibt, dann doch so teuer ist, dass ein Neukauf vernünftiger erscheint, so bleibt uns Konsument*innen letztlich wenig Wahlmöglichkeit und wir entsorgen eben diesen Automaten, allenfalls durchaus mit einigem Grant.

23

A propos Wegschmeißen: „Rund 16 Prozent der Treibhausgasemissionen aus der Nahrungsmittelproduktion werden unnötig ausgestoßen. In Österreich landet jährlich eine Million Tonnen Speisen im Müll, für die Hälfte davon sind Privathaushalte verantwortlich, alarmieren Boku-Forscherinnen." Das war kürzlich in „Die Presse" zu lesen von C. Grobner (2020), die über eine Studie von G. Obersteiner an der Universität für Bodenkultur (Boku) in Wien berichtete! Heruntergerechnet sind das um die 130kg noch genießbare Lebensmittel (davon 28% Brot und Gebäck) oder mehrere Hunderte Euro, die durchschnittlich pro Haushalt und Jahr in einem Abfalleimer landen.

Mir ist nicht bekannt, welchen Anteil der durch Wegwerfen bedingte 16%-CO_2-Verbrauch der Lebensmittel-Produktion im gesamten CO_2-Haushalt einnimmt. Trotzdem ist das sorg- und achtsame Umgehen mit Lebensmitteln empfehlenswert. Für den Energiesektor habe ich diesbezüglich eine Zahl gefunden: „[M]it 25% der weltweiten Treibhausgasausstöße [trägt er] am stärksten zum Klimawandel bei. Deshalb ist die Umstellung von fossilen auf erneuerbare Energien zur Erreichung der Ziele des Pariser Abkommens unerlässlich." (gerechte1komma5-Initiative 2020, S.216). „Heizen Sie noch mit Gas, ÖL oder Kohle?", ergibt sich hier als eine der vielen Fragen. Auch ans Autofahren ist da z.B. zu denken. Dazu verweise ich vorerst auf Kapitel 4C.

Dies alles, weggeschmissenes Brot und die vielleicht nur wegen eines kleinen Defekts entsorgte Waschmaschine oder die ungesunde Kürzest-Autofahrt fürs Frühstücksgebäck oder zum Zeitungsständer, welche möglicherweise mehr Zeit in Anspruch nimmt als die Radl-Nutzung, sind echte Beispiele für etwas weit Verbreitetes: Einen gestressten Alltag, der uns wenig Zeit fürs Kochen oder zur Restl-Verwertung gibt; der Arbeitsmöglichkeiten zum Reparieren auch deswegen nicht erlaubt, weil solche Arbeitskosten mit verschwenderischer Neuproduktion nicht konkurrenzfähig sind; der uns eigentlich unvernünftige Entscheidungen beim Zeitungholen zu treffen veranlasst; und so weiter. Das Stetig-Neu, das Immer-Mehr, das (wie oft nur vermeintliche?) Ständig-noch-Schneller, sie prägen Produktion und, über viele Kanäle vermittelt, Lebensstile.

Die Wiener Politologen Ulrich Brand und Markus Wissen (2017) bezeichnen dies als „Imperiale Lebensweise". Sie formten also vor drei Jahren einen seither vielbeachteten Begriff in kritischer Absicht. Ihn hat auch Jonas Korn (2019) aufgegriffen und bereits zwei Jahre später an der Leuphana Universität in Lüneburg seine Masterarbeit eingereicht. Und zwar reizte es ihn, der Frage nachzuforschen, ob das Grundeinkommen dieses so klimaschädliche Alltagsverhalten zu verändern vermag. Das Ergebnis seiner Untersuchung, in nur einem Satz zusammengefasst, lautet: Es hängt davon ab, welche Art, welches Verständnis von Grundeinkommen allenfalls umgesetzt wird. Oder positiv lässt sich aufgrund seiner theoretischen Arbeit formulieren: Wenn, dann ist es das emanzipatorische Grundeinkommen, welches für ein Umwelt und Klima schonendes Verhalten förderlich ist. Seine genauere Argumentation übergehe ich an dieser Stelle, weil es dafür nebst dieser wissenschaftlich gewonnenen Einsicht auch eine Evidenz-basierte Untermauerung gibt.

Und zwar werden seit einigen Jahren von einem Verein unter www.mein-grundeinkommen.de regelmäßig **Grundeinkommen verlost**, in dessen Genuss die Gewinner*innen zumindest für ein Jahr kommen. Eigentlich ist eine solche zeitlich begrenzte Geldausschüttung genau wegen dieser Beschränkung kein Grundeinkommen im eigentlichen Sinn und schon gar nicht lässt sich diese Form einem konkreten Grundeinkommensansatz zuordnen. Trotzdem ist es sehr interessant zu lesen, was M. Bohmeyer und C. Cornelson (2019) aufgrund von vielen Gesprächen mit bisherigen Gewinner*innen herausgefunden haben. Deren Erfahrungen sind in vier Punkten zusammengefasst, von welchen ich voerst drei vorstelle (auf das vierte Ergebnis werde ich später in Kap. 4C zurückkommen).

Wer ein monatliches Einkommen, selbst für eine nur befristete Zeit, bedingungslos sicher am Konto weiß, ...
so schreibt Bohmeyer (2019) in seinem Blog:

...lebe stressfreier: „Die Gewinner*innen unserer einjährigen Grundeinkommen erleben diese Veränderung der eigenen Denkmuster selbst: ‚Durch das Grundeinkommen konnte ich zum ersten Mal den reinen Überlebensmodus verlassen und zu einer langfristig planenden Unternehmerin werden', so Katrin aus Köln.", während Bohmeyer andererseits auf Studien verweist, die belegen, dass und wie Streß zu klimaschädlicherem Verhalten führt: Gestresste Menschen sollen dazu neigen, unüberlegter und kurzfristiger zu entscheiden. Statt einmal wöchentlich und geplant wird für ein Einkaufsweg oft mehrmals und nur für eine Kleinigkeit ins Auto gestiegen. Kostet nebst zusätzlichem CO_2 auch weitere Zeit und kann Stress weiter steigern.

...lebe zufriedener: „Alle Gewinner*innen ernähren sich gesünder und konsumieren bewusster. ‚Mehr regionale Bio-Produkte kaufen' ist eines der Hauptvorhaben der Grundeinkommens-Bezieher*innen. Auch dieser Zusammenhang deckt sich mit zahlreichen internationalen Studien: Menschen, die nach eigener Einschätzung mehr Kontrolle über ihr Leben haben, verhalten sich viel wahrscheinlicher klimafreundlich – und das vor allem langfristig.
Was uns erstaunt hat, fährt Bohmeyer fort: All diese Verhaltensänderungen entstünden unabhängig vom sozialen Status. Die Grundeinkommensbezieher*innen reichen von obdachlos bis verbeamtet, von Kind bis Rentner*in, von ländlichen CSU-Wähler*innen bis zu städtischen Linken." – Das Semmerl im Mist lässt grüßen.

...achte weiters besser auf ihre/seine Lohnarbeitszeit: „In einer Umfrage aus dem Jahr 2016 gaben 82% der Befragten an, auch mit einem Grundeinkommen generell weiter arbeiten zu wollen. Gleichzeitig wünschen sich zunehmend mehr Menschen eine Reduzierung ihrer Wochenarbeitszeit. Ist diese Option bisher ausschließlich Menschen mit höherem Einkommen vorbehalten, so wäre sie mit einem Grundeinkommen für alle Teile der Gesellschaft zugänglich. Weniger Wochenarbeitszeit für alle verringert den gesamtgesellschaftlichen CO_2-Ausstoß um ein Vielfaches", und dies wird mit einer schwedischen Studie untermauert, gemäß welcher eine 1%-Reduktion der Arbeitszeit zu einer Verringerung von 0,8% von CO_2 führe.

Die Indizien aus theoretischer Arbeit und praktischen Erfahrungen ergänzen sich und stehen als Hoffnung machende Zeichen im Raum. Wer sich im Alltag, gesichert durch ein (emanzipatorisches) Grundeinkommen, gelassener verhalten kann, begünstigt seine Lebensumwelt im doppelten Sinn: ökologisch und menschlich-sozial.

WENIGER WACHSEN, WENIGER WAFFEN
4 UMWELTKLIMA

„Errungenschaften in Sachen Umwelt ergaben sich mit der Absage ans Wachstumsdogma fast von selbst. Sie waren leicht zu erreichen. Weil durch die Einführung des Grundeinkommens wurde plötzlich erkennbar, was mit der Floskel Wirtschaftswachstum alles angestellt worden war. Es wurde bemerkt, wie stark dieser Un-Wert als Zweck für sich eingesetzt wurde, welchen materiellen, aber auch ideellen Ressourcenverschleiß er erforderte, welche ökologischen Kosten er mit sich gebracht hat – nebst der ganzen Umverteilung von unten nach oben und deren Verschleierung."

Diese Sätze, literarisch in einem als Zukunftsreise gestalteten Roman (Rüthemann 2013, 148) als Rückblick auf die heutige Zeit pointiert formuliert, werden im Folgenden sachlich etwas zu untermauern sein. Ich schreibe bewusst „etwas". Denn Wirtschaftswachstum ist für sich ein zentrales Thema, zumal es technisch und messbar operationalisiert als BNP (Bruttonationalprodukt) die Leitkategorie aktuellen Wirtschaftens fast rund um die Welt darstellt.

Was würden Sie spontan wählen, wenn Sie, werte Leser*innen, gefragt würden, wonach die Grundorientierung der Gesellschaft, in der Sie leben, sich zu orientieren hätte: Bruttonationalprodukt oder Bruttonationalglück?
Natürlich, Sie wurden noch nie darum gefragt, aber so realitätsfremd ist die Frage gar nicht. Tatsächlich gibt es ein Land, und vielleicht haben Sie ja schon davon gehört, das sich schon vor Jahrzehnten dazu entschlossen hat, seine Wirtschaft auf Zweiteres, das Bruttonationalglück hin auszurichten: Bhutan. Sie brauchen lediglich die von Ihnen verwendete Internet-Suchmaschine anwerfen und dort im Suchfeld eingeben: *„Bhutan, Bruttonationalglück"* und Sie werden auf interessante Beiträge stoßen.

Im globalen Strategieplan der SDGs, der Sustainable Development Goals, wird zwar die Kategorie „Wirtschaftswachstum" behandelt. Allerdings erst in Kapitel 8 (von insgesamt 17) und da sind so grundlegende globale Ziele wie Halbierung und Ausrottung von Hunger und Armut bereits behandelt. Weiters enthält schon die Überschrift dieses achten Punktes einschränkende Prädikate: „**Nachhaltiges** Wirtschaftswachstum und **menschenwürdige** Arbeit für alle" (vgl. Wikipedia, SGD; sowie Exenberger u.a. 2020).

Neuorientierung oder eben zumindest eine einschränkende Bestimmung des Wachstumsziels ist alleine deswegen schon so wichtig, weil diesem eine grobe Unlogik innewohnt, wenn man die Frage des menschlichen Wohlbefindens ernsthaft mit in Betracht zieht. Die Problematik dürfte Ihnen nicht unbekannt sein, denn auf sie wird ja oft hingewiesen: Jegliches Wegwerfen oder die Spitalskosten nach einem (Auto-) Unfall, alle Wiederherstellungskosten nach einer (klimabedingten Überschwemmungs-) Katastrophe wirken sich positiv auf das BNP aus. Sie erhöhen dessen Wachstumsziffern, so tragisch oder widersinnig in Hinblick auf menschliches Wohlbefinden das damit verbundene Ereignis oder Handeln auch sein mag. Angesichts dessen wäre also mein Rat, tatsächlich so etwas wie Nationalglück zu wählen, wenn Sie denn dieser Frage je einmal begegnen sollten und vorhin nicht ohnehin bereits diese Wahl getroffen haben.

Zur Debatte steht hier der riesige Unterschied zwischen quantitativ und qualitativ. Die Grenzen des quantitativen Wachstums sind für immer mehr Menschen spürbar und bestehen zweifelsohne. Sie werden inzwischen vielfältig angesprochen. Weil z.B. die Gemeinwohl-Bewegung für eine Wirtschaft jenseits des rein materiell orientierten Wachstums eintritt, verweise ich hier auf diese. Sie bringt nebst anderem zur Geltung, dass im Gegensatz zu den Grenzen des quantitativen „Immer Mehr" sich im qualitativen Bereich die Verhältnisse doch recht anders darstellen. Grenzen liegen da gerade nicht im Wachstum, mehr Kulturevents zerstören keine Lebensgrundlagen. Bildung, Kultur, Tanz, Pflege oder Spiel basieren auf ganz anderen Bedingungen und Voraussetzungen. Um es in Art einer Karikatur zu benennen: Auch wenn jede*r Einzelne eine Oper komponieren möchte, es gäbe da nicht grundsätzlich eine „Produktionshürde", vielleicht eine der Konkurrenz oder von unterschiedlichen Qualitäten. Und gerade im Bildungsbereich liegen die Dinge doch völlig anders: Beim Lehren und Lernen wird niemand „ärmer" an einer Kompetenz wie „L" für Lesen, Literatur oder Lehren usw., im Gegenteil: es besteht die Möglichkeit für alle Beteiligten, kompetenter, in diesem Sinne „reicher" zu werden und für alle ist es die Lebenszeit, die hier eine der Grenzen setzt. Weil diese wenigen Andeutungen hier ausreichen müssen, könnten Wachstum, Gemeinwohl, Bildung, Kultur ... und Grundeinkommen Themen für weitere Bände dieser Veröffentlichungsreihe sein.

Um nun etwas gezielter die Klimafrage aufzunehmen, das SDG-Ziel 13 trägt den Titel: „Sofortmaßnahmen ergreifen, um den Klimawandel und seine Auswirkungen zu bekämpfen". Bei den Themen „Verkehr" und „Steuern" wird etwas daraus nochmals aufblitzen. Hier jedoch möchte ich auf den jüngst im März 2020 präsentierten „Klimaplan von unten" (vgl. gerechte1komma5-Initiative2020) eingehen.

Dies deswegen, weil in diesem Text als einem der wenigen Veröffentlichungen zum Thema Umwelt auch die Frage des Grundeinkommens mitgedacht wird, worauf auch Blaschke (2020) in einem Beitrag über die Bedeutung des Grundeinkommens für die Klimafrage kurz hinweist. Bedeutsam dabei: Der Klimaplan stellt einen Bezug nicht nur so nebenbei her, sondern dieser wird bereits im unmittelbar nach der Einleitung folgenden Kapitel behandelt! So möchte ich mich an dieser Stelle auf die Vorstellung dieses Dokuments beschränken und ebenso auf eine Leerstelle hinweisen, die mir darin aufgefallen ist. Im 230 Seiten starken Dokument wird das Kapitel „Bedingungslose Daseinsfürsorge" gleich auf S.7 mit „Bedingungsloses Grundeinkommen" eröffnet:

> *„Unsere sozialen Sicherungssysteme sind momentan auf Wirtschaftswachstum angewiesen. Bleibt dies aufgrund von Klimaschutzmaßnahmen oder der Sättigung frühindustrialisierter Volkswirtschaften aus, verlieren Menschen ihre Arbeitsplätze und Einkommen und fallen durch das soziale Netz. Um dem kurzfristig entgegenzuwirken und die demokratische Gestaltung einer ökologisch nachhaltigen Gesellschaft zu befördern, braucht es neue Formen sozialer Sicherung, die wachstumsunabhängig und solidarisch sind sowie vor Armut schützen."*

Es wird dem Hauptanliegen dieses Plans entsprechend natürlich gefragt, welchen Beitrag das Grundeinkommen zur Klimasicherung beitragen kann, doch bleiben die Argumente noch bei eher allgemeinen Hinweisen stehen. So heißt es auf S.8, das Grundeinkommen verschaffe allen Menschen Zeit- und materielle Ressourcen, *„die zur demokratischen Gestaltung einer ökologischen und mit bedeutend geringerem Naturressourcenverbrauch produzierenden Gesellschaft nötig sind."*

Einiges an möglichen Potenzialen hoffe ich in vorliegender Veröffentlichung insbesondere in den Kapiteln dieses Teiles 4 nachvollziehbar vorzulegen und vieles an Weiterem gibt es zweifelsohne da noch zu tun. Für mich erfreulich und ermutigend ist es, feststellen zu können, wie auf beiden Seiten, also sowohl in der Klima- als auch in der Grundeinkommensbewegung offensichtlich über den Tellerrand geblickt und zudem danach gefragt wird, wie sich die Anliegen beider Bewegungen gegenseitig stärken lassen! Und wenn diese meine Arbeit dazu einen kleinen Beitrag mit zu leisten vermag, erreichte sie eines ihrer Ziele.

Die Stichworte der vielfältigen Bezüge zu anderen Maßnahmen, die beim Thema Grundeinkommen auf S.9 des „Klimaplans von unten" hergestellt werden, lauten: radikale Demokratisierung, Arbeitsmarktreformen, Bürgerversicherung, soziale Infrastruktur usw. Sie zeigen, wo überall Klima- und Grundeinkommensfragen mit hinein spielen. Auch „soziale Infrastruktur" beinhaltet ja ihrerseits wieder recht Vielfältiges. Erfreulich wäre es in dieser Hinsicht, wenn beispielsweise „Verkehr" sich noch expliziter als bisher unter solchen Bezügen finden würde. Der Mobilität ist zwar in diesem Plan ein umfassendes Kapitel auf den S.87 bis 146 gewidmet, es fehlen allerdings (noch?) Bezüge zum Grundeinkommen, die meines Erachtens durchaus bestehen, wie im folgenden Kapitel 4C noch darzustellen sein wird. Bislang Angesprochenes sind keine blinden Flecken, die Punkte sind im Blickfeld dieses Plans und sie lassen sich weiter vertiefen, ganz wie es Absicht der Initiator*innen ist. Wenn ich nichts übersehen habe, besteht aber im weiten Bereich Sicherheit eine wirkliche Leerstelle: Da wird zwar sehr wohl gesagt, es seien „Formen sozialer Sicherung, die wachstumsunabhängig und solidarisch sind, sowie vor Armut schützen" zu etablieren. Ein bedeutsamer Teil, die soziale Sicherheit, wird behandelt, nicht aber die Militärapparate. Ja, im Kapitel 7 des Buches „Klimaplan von unten" wird einleitend auf S.214 sogar festgehalten, dass Fragen der Internationalen Gerechtigkeit „...besonders wichtig sind und wir sie auch mit einbeziehen wollen, wenn sie keine direkt messbar Treibhausgase einsparenden Effekte haben".

Genau diese Effekte bestehen allerdings, sogar in erheblichen Ausmaß! Der zuletzt zitierte Halbsatz wird falsch, wenn denn bei „Sicherheit" und „Gerechtigkeit" Aufrüstung, Militär und Krieg nicht ausgeklammert werden! Dies sei mit lediglich einigen wenigen Schlagzeilen aus einer schlichten online Recherche belegt:

CO_2-Fußabdruck des US-Militärs riesig (ORF, 6.7.2019).
Das US-Militär verschmutzt die Umwelt stärker als 140 Länder (TA, 26.7.2019).
Militär ist tödlich, auch für Umwelt und Klima (Klimareporter 27.2.2020).

Erich Fromm sagte es, übrigens schon 1966, sehr deutlich: „Wir dürfen nicht vergessen, daß das garantierte Einkommen nur zustande kommen kann, wenn wir aufhören, zehn Prozent unseres Gesamteinkommens für die wirtschaftlich nutzlose und gefährliche Rüstung auszugeben, wenn wir der Ausbreitung sinnloser Gewalttätigkeiten dadurch Einhalt gebieten, dass wir die unterentwickelten Länder systematisch unterstützen ..." (Fromm 1966).

Dass zudem eine Welt ohne Krieg und ohne – oder zumindest mit weit weniger –Rüstung ein „gewaltiger" Beitrag zum Klimaerhalt darstellte, dass hätte E. Fromm vor den über 50 Jahren wahrscheinlich ebenfalls festgestellt, wäre dieses Thema damals schon so virulent gewesen wie heute. Ein Hinweis noch zu den menschlichen

KAY SARA

Opfern durch Kriege: Steven Pinker (2018, Kap. 11-13) hat nachgewiesen, die Zahlen an Todesopfern durch Kriege – übrigens auch jene durch Kriminalität und Terrorismus – seien über längere Zeiträume betrachtet und in Relation zu den Gesamtbevölkerungszahlen rückläufig. Dass dies jedoch nur von den wenigsten so wahrgenommen werde, sei insbesondere auch auf die Art und Weise zurückzuführen, wie darüber in den täglichen Nachrichten und ganz allgemein medial berichtet werde. Ich lese dies auch als ein Hoffnungzeichen, als eine Ermutigung zu weiterem Engagement für eine friedlichere und damit gleichzeitig klimagerechtere Gestaltung unser aller Um-/Welt.

„Errungenschaften in Sachen Umwelt ergaben sich mit der Absage ans Wachstumsdogma fast von selbst. Sie waren leicht zu erreichen." Schön wäre es tatsächlich, es ließen sich solch einfachen Sätze wie sie in der eingangs zitierten Zeitreise im Jahr 2064 von der Romanfigur Eva ausgesprochen werden, schon einige Jahrzehnte vor diesem fernen Datum formulieren, eben aufgrund von politischen Erfolgen zur Einführung des emanzipatorischen Grundeinkommens oder von Bewegungen wie fridays for future, usw.

Was allerdings diese wenigen Seiten schon jetzt zu belegen vermögen, ist die Behauptung im Titel: Mit weniger (materiell-quantitativem) Wachsen und weniger Waffen ist für Umwelt und Klima viel zu erreichen. Hinzuzufügen ist: Zum Wohle von uns allen.

31

GETEILT MOBIL
BRINGT VIEL
4 SAUBERES KLIMA

**Mobilität und Verkehr, bzw. die Art und Weise wie sie orga-
nisiert werden, gehören zu jenen zentralen Bereichen, die es
umzugestalten und weiter zu entwickeln gilt, sollen Umwelt
und Klima langfristig und nachhaltig geschützt und in lebenswerter Form erhalten werden. Aber was hat ein Grundeinkommen damit zu tun?**

M. Bohmeyer (2019) meint, dass Entstressung und Selbstbestimmtheit durch das
Grundeinkommen die Menschen offener für Veränderungen machen: Wenn ich ein
größeres Gefühl von Sicherheit und mehr Kontrolle über mein Leben habe, dann
setzt das Ressourcen frei, die den Blick weiten. Wenn mir gleichzeitig niemand
diese Sicherheit nehmen kann, weil sie bedingungslos garantiert ist, dann muss
mir Veränderung keine existenzielle Angst einflößen. Diese Offenheit für Neues,
welcher Michael Bohmeyer und Claudia Cornelson (2019) als eine erfreuliche und
wirkmächtige Konsequenz bei ihren vielen Interviews mit Menschen begegneten,
die bereits den Genuss eines, wenn auch nur befristeten Grundeinkommens erfahren konnten, wird damit begründet, dass die Bedingungslosigkeit – und damit das
Wegfallen jeglicher Bestrafungslogik, von welcher viele Sozialleistungen bestimmt
seien – als erleb- und spürbarer Vertrauensvorschuss wahrgenommen werde, was
zu einer nicht zu unterschätzenden Stärkung der Würde jeder einzelnen Person
führe. Bohmeyer nennt das in seinem Blog *„den Grundeinkommens-Trick"*.

Es geht nun im folgenden wiederum nicht darum, Strategien der Klimarettung für
unterschiedliche Formen des Verkehrs zu entwickeln oder vorzustellen, aber zu
fragen, wo Einsparpotenziale liegen und wie und wo sich diese mit dem Grundein-
kommensanliegen treffen. Ich möchte auch nicht in die leidige Falle tappen, zweifelsohne erforderliche Veränderungen zur Klimarettung einfach mit einem Weniger
an Mobilität einzufordern. Diese stellt ein menschliches Grundbedürfnis dar. Die
angemessene Fragestellung lautet daher, wie auch die für unser aller Wohlbefinden
notwendige Beweglichkeit klima- und umweltgerecht zu gewährleisten ist. Prinzip
oder Motto für solche Verträglichkeit kann also nicht in erster Linie die Forderung nach einem Weniger an Beweglichkeit sein, sondern nach einem Weniger
an Ressourcenverbrauch. Zu oft wird dies meines Erachtens – und nicht selten

gerade von Klima-Aktivist*innen – verwechselt. Trotzdem: Auch eine Orientierung des Verkehrs gemäß diesem Prinzip erfordert Umbau und Weiterentwicklung, dies in durchaus beträchtlichem Ausmaß. Bei folgender Erörterung wird sich erweisen, was im Titel anklingt: Geteilte Mobilität bringt für den gewünschten Klimaerhalt viel.

In ihrer ganzen Breite sind solche Reflexionen und Kritik von (Auto-) Mobilität nichts Neues. Der Song „Oma ist ne' alte Umweltsau" des WDR-Kinderchors führte zu Beginn des Jahres 2019 zu einer heftigen Kontroverse und unter anderem zu einem lesenswerten Reprint (Dahl 2020), der belegt, dass und wie Verkehrsverhalten und -organisation vor rund 50 Jahren kritisch beleuchtet wurden.

Zurück zum Grundeinkommen: **Lebenssicherheit,** Vertrauenserfahrung stärkt nicht nur die (erforderliche) **Veränderungsoffenheit**, die grundlegende soziale Erfahrung von Inklusion aller, die im Grundeinkommen mit enthalten ist, wird mit diesem **Teilen**, dem Zugeständnis der monetären Lebenssicherung für alle, so meine These, auch das Teilen in anderen Bereichen wie hier der Mobilität, selbstverständlicher werden lassen. Für den Verkehr möchte ich dem in drei Feldern nachgehen, nämlich dem Individual-, dem öffentlichen und ebenfalls dem Flug-Verkehr. Forschung und Entwicklung spielen selbstverständlich auch dabei eine wichtige Rolle und so sind diese zumindest in einem Exkurs anzusprechen.

INDIVIDUALVERKEHR

Kürzlich entdeckte ich eine erstaunliche Relation, die nicht so leicht zu schätzen ist und die sich daher gut für eine kleine Quizfrage eignet: Ausgehend vom Faktum, dass heute in einer Gesellschaft wie Österreich durchschnittlich jede 2. Person ein eigenes Auto fährt, ergibt sich, dass von 1000 Personen 500 ein Auto besitzen. Eine Zufallsauswahl von 1000 Leuten (je 500 Menschen mit und ohne Auto) bilden Gruppe A. Ihr steht die Vergleichsgruppe B von ebenfalls 1000 Personen gegenüber. Alle diese Menschen fahren zwar ein Auto, aber nutzen dafür Carsharing, teilen die Fahrzeuge also mit anderen, möglichst ohne selber eines zu besitzen. Wenn Sie, geschätzte Leserin und werter Leser, nun die Zahl N schätzen, nämlich wie viele Autos die Carsharing-Organisation insgesamt im Durchschnitt ankaufen muss, um der Gruppe B all deren Fahrten zu ermöglichen, lässt sich mit einer einfachen Teilung – eben: 500:N – jener Faktor X ausrechnen, der angibt, um wievielmal weniger Autos für die Gruppe B zur Stillung von ihren Mobilitätsbedürfnissen benötigt werden. Dieses X bedeutet also gleichzeitig, dass für Menschen der Gruppe B x-mal weniger an Autos zu produzieren sind, damit diese ihre Mobilität ausleben können, als jene 500 Wagen, welche für die 1000 Menschen der Gruppe A herzustellen sind.

Wie hoch schätzen Sie, verehrte Leser*innen, diese Zahl N? Oder: Wie hoch oder niedrig ist die Anzahl an Autos, mit welchen insgesamt die 1000 autoteilenden Menschen der Gruppe B unterwegs sind? Und damit Sie also unbeeinflusst schätzen können, berichte ich vom Ergebnis etwas später.

Vorerst möchte ich zweierlei Aspekte in Bezug auf Umwelt- bzw. Klimaschutz hervorheben, die sich ergeben würden, wenn alle Menschen ausschließlich Carsharing nutzen würden. Zum Einen gilt es zu beachten, dass der Hebel bei diesem Gedankenexperiment tatsächlich nicht an den gefahrenen Kilometern angesetzt wird. Alle sollen genau so viel wie bisher fahren können, da soll einmal nichts eingespart oder reduziert werden und daher ist diesbezüglich fürs Klima gar nichts zu erwarten. Der Effekt ergibt sich aus dem Zweiten, der doch nennenswert geringeren Anzahl an Autos, die bei unverändertem Mobilitätsverhalten aber dem anderen Nutzungs-, dem Teilungsmodell erforderlich ist. Und um die Wirkung ermessen bzw. erahnen zu können, spielt die von ihnen geschätzte Zahl N eine wichtige Rolle. Denn 500 geteilt durch dieses N ergibt ja den Faktor X., welcher wiederum nichts Anderes sagt, als dass Gruppe B zusammen X mal weniger Autos für ihre Beweglichkeit benötigt als die Gruppe A. Vielleicht haben Sie inzwischen N schon geschätzt. Noch nenn ich das Ergebnis nicht, aber nur um zu illustrieren, um was es geht, sei einmal angenommen, die Zahl N sei 250, dann wäre X = 2, eben 500:250, Gruppe B benötigt halb so viele Autos wie Gruppe A. Zu beachten ist dabei: Je niedriger N umso höher wird X. Wenn N also nur 125 ausmachte, dann wäre X = 4. Gruppe A würde in diesem Fall 4-mal so viele Autos wie Gruppe B brauchen oder verbrauchen. Hieße das nun, in einer Gesellschaft, die nur Autoteilen praktizierte, wären unter dieser Annahme, X betrage 4, nur ein kleines Viertel (also lediglich 25%) an Autos gegenüber jener anderen Gesellschaft A herzustellen, in welcher jede*r Zweite*r ein Auto privat erwirbt? Das wären dann, von der anderen Seite her betrachtet, gegenüber der aktuellen Produktion immerhin 75% weniger an zu erzeugenden Fahrzeugen.

Sicher nicht, würden Sie richtig antworten, so darf man keinesfalls rechnen, denn die Mobilitätsgewohnheiten der beiden Vergleichsgruppen sind viel zu unterschiedlich. Zudem müssten noch viele anderen Variablen mit berücksichtigt werden. Und schließlich, so könnten Sie weiter argumentieren: Überhaupt wird sich nie und nimmer ein*e Politiker*in finden, die oder der sich für ein allgemeines und generelles Autoteilen stark machen würde, so sinnvoll es vielleicht sogar wäre und so banal und klein eigentlich der Schritt vom eigenen zum geteilten Auto – rein sachlich betrachtet – auch wäre. Denn dies wäre bestimmt das sofortige Aus und Ende von deren oder dessen politischer Karriere! Und einiges mehr mag Ihnen dazu sofort einfallen. Solch vielfältige, vielleicht heftige Einwände zeigen gleichzeitig: Sie haben ebenfalls ganz richtig erahnt, um wieviel es da geht! Nicht nur an Möglich-

Seoul um das Jahr 2000

*So kostspielig
wie hier in
Südkorea,
wo man den
Individualverkehr
aufwändig
rückgebaut hat,
werden bestimmt
nicht alle
(Verkehrs-)
Projekte zu
planen sein,
welche – ganz wie
ein realisiertes
Grundeinkommen –
den Menschen in
den Mittelpunkt
stellen.*

Seoul heute

keiten der enormen Produktionseinsparung, auch von Haltungen, Einstellungen gegenüber Statussymbol, Pflege des eigenen (männlichen) EGO, usw... Dabei ist noch nicht einmal jenes Totschlag-Argument angesprochen, das nicht nur höchstwahrscheinlich, sondern ganz gewiss in einer Diskussion um die aufgeworfenen Fragen und Zusammenhänge ins Feld geführt werden würde: nämlich das Arbeitsplatz-Argument. Wir bräuchten die Autoproduktion, denn es gelte die Arbeitsplätze zu sichern. Ein regelmäßig vorgebrachter Abwehrversuch gegen so vieles.

Trotz alle dem: Im nächsten Absatz werde ich diese Frage der unterschiedlich organisierten Eigentums-Modelle nochmals aufnehmen und weiterführen. Im Augenblick ende ich in Bezug zum letzten Einwand mit einer Gretchenfrage: Wie halten Sie's mit Existenzangst-Druck? Perlt dieser einfach ab von Ihnen?

Anders gefragt und argumentiert: Könnte es nicht so sein, dass wenigstens der Arbeitsplatz-„Hammer" bei einem für alle eingeführtem Grundeinkommen recht viel von seiner Schlagkraft einbüßen würde? Eben weil mit Existenzangst Druck auszuüben in einem Ausmaß wie bislang kaum mehr möglich wäre und weil garantierte Lebenssicherung also zu weit mehr für Veränderung offenen Menschen führte. Immerhin scheinen dies die Gespräche von Bohmeyer/Cornelson über die Erfahrungen mit Grundeinkommensgewinner*innen – ermöglicht übrigens über Spendeneinnahmen – ja anzudeuten. Ein letztes hierzu: Trotz der zeitlichen Grenze von einem Jahr der monatlichen Ausschüttung bei diesem Verlosungsprojekt erleben die Begünstigten nicht selten ein ganz neues Gefühl von Freiheit: offenbar im Sinne von wirklich frei zu sein, in anderer Form als bisher frei entscheiden zu können!

ÖFFENTLICHER VERKEHR

Was Bahn, Bim und Bus betrifft, verhalten sich Politiker*innen, und dies durchaus im eigenen Interesse, inzwischen weit freundlicher als sie es für eine im Gedankenexperiment ja nur angedachte Gesellschaft B je tun würden oder eben überhaupt könnten...

Dies lässt sich auch so darstellen. Durch viel breites und wiederholtes Thematisieren und Debattieren ist der allgemeinen Meinungsbildung im Bereich des Öffentlichen Verkehrs bis dato recht viel gelungen: Diesem gegenüber herrscht heutzutage im Allgemeinen bei Volksvertreter*innen eine doch deutlich freundlichere Stimmung als früher. Positive Klimaeffekte durch Öffis als Argumente spielten und spielen dabei eine wesentliche Rolle. **Könnte dies auch als ein Hoffnungszeichen für eine noch wenig existente Autoteil-Bewegung verstanden werden?**

Nicht umsonst wird auf ÖBB-Fahrkarten die jeweilige CO₂-Ersparnis ausgewiesen.

Klar ist jedenfalls: Der öffentliche Verkehr setzt weniger produktionsseitig an wie es bei gemeinsam genutzten Individualfahrzeugen der Fall ist/sein würde. Vielmehr kommt die Ressourcenschonung durchs Fahren selber ins Blickfeld. Weil für jeden öffentlich gefahrenen Kilometer wird gegenüber einer PKW-Fahrt doch einiges an Energieverbrauch eingespart. Doch einmal mehr geht es hier nicht um die Debatte, wie am besten der öffentliche Verkehr auszubauen wäre. Im Zusammenhang mit dem Grundeinkommen ist an dieser Stelle ein ganz anderer Fragenkomplex anzusprechen, nämlich jener, ob es anstelle der Einführung eines emanzipativen Grundeinkommens nicht doch viel sinnvoller wäre, anstatt dessen öffentliche Infrastruktur kostenlos zur Verfügung zu stellen – konkret Gratis-Öffis contra Grundeinkommen! Wichtiger als dieses wäre es also, jene einfordern, bzw. sich dafür einzusetzen, dass Öffis möglichst preisgünstig für alle zur Verfügung stehen. Ganz ähnlich wird gelegentlich bezüglich anderer Infrastrukturleistungen im Bildungs- oder Gesundheitswesen argumentiert. Nicht das Grundeinkommen sei zu fordern, sondern eine leistungsfähige, kostengünstig bis unentgeltlich zu nutzende Infrastruktur.

Was also ist zu bevorzugen?

So pointiert alternativ gegenübergestellt zeigt sich, vielleicht deutlicher als in vielen einzelnen Argumenten, das Für und Wider. Es ist bei dieser Frage so ähnlich wie mit jener nach dem Unterschied zwischen einer einfachen und einer tiefen Wahrheit. Bekanntlich lautet darauf die Antwort: Bei einer einfachen Wahrheit gilt richtig oder falsch. Sie lässt sich mit Ja oder Nein beantworten. Entweder Sie verfügen regelmäßig über so etwas wie das gesicherte Existenzminimum (in Österreich von vielleicht etwa 1.250,- € monatlich) und Sie finden dieses regelmäßig auf Ihrem Konto oder eben nicht. Dies lässt sich ganz leicht jederzeit überprüfen und ist entweder wahr (präziser: richtig) oder falsch. Bei einer tiefen Wahrheit dagegen gibt es dieses „richtig oder falsch" so nicht – dafür aber: eine andere tiefe Wahrheit. Für Einsichten auf einer solch grundlegenderen Ebene verhält es sich mit dem Wahrsein eben etwas anders: Hier schließt eine Erkenntnis eine andere nicht notwendigerweise aus. Möglicherweise können sie sich gegenseitig sogar ergänzen und stärken.

Oder wieder konkret: **Emanzipatorisches Grundeinkommen und der Einsatz um möglichst kostengünstige „Commons" für alle müssen sich nicht gegenseitig ausschließen. Das Entweder-Oder ist hier schlicht eine falsch aufgestellte Alternative.** Und da nur darum zu ringen oder gar zu kämpfen, welche Position wahr oder falsch sei, ist im besten Fall sinnlos, im schlechteren kontraproduktiv. Erlaubt sei daher die Vermutung: Die Einführung eines Grundeinkommens könnte dem Verfolgen einer Politik um möglichst günstige Öffis ebenso förderlich sein, wie umgekehrt ein Engagement für weitere Infrastrukturleistungen jenem förderlich sein dürfte. Strategisch wird es sinnvoll sein, genauer zu beachten, wer, wann genau, welches der beiden sinnvollerweise gerade priorisiert oder bevorzugen soll. Jedenfalls ist evidenzbasierte Prüfung mangels bisheriger Realisation des Grundeinkommens leider nicht möglich! Sie wäre aber hochspannend und wird in hoffentlich nicht all zu ferner Zeit vielleicht doch möglich werden.

Bevor ich nun zu Fragen rund um den Flugverkehr komme, bin ich Ihnen noch eine Antwort auf die oben gestellte Quizfrage schuldig. In der Schweiz beträgt die erfragte Zahl N 17,5 (vgl.: Das Denknetz 2020). Also nicht 125 und schon gar nicht 250, sondern, Sie haben richtig gelesen: 17,5 . Als X-Faktor ergibt sich daraus der Wert 31! Je niedriger N, umso höher ist X, darauf wurde schon hingewiesen. Die durchschnittlich 1000 Menschen mit Privatautobesitz kaufen also um 31 (in Worten: **einunddreißig!**) mal mehr Autos als eine Carsharing-Organisation im Durchschnitt für 1000 ihrer Auto-teilenden Mitglieder anschaffen muss. Nicht grundlegend verschieden dürften diese Zahlen auch für Österreich oder Deutschland sein. Ebenfalls schon angesprochen wurde: Weil X nicht jenem Faktor gleichzusetzen ist, um den sich die Produktion in einer ausgebildeten Autosharing-Gesellschaft schließlich verringern bzw. teilen lassen würde, ist die Frage nach diesem Teilungswert, er sei Teiler T genannt, entscheidend und wichtig. Und genau diesem Problem ist Christoph Link in einer von Roman Klementschitz betreuten Studie nachgegangen (Klementschitz/Link 2017). Da werden für jene, inzwischen ja absehbare Zeit, in welcher Autos nicht mehr von Menschen gesteuert, sondern durch Automaten gelenkt werden, **Zukunftsszenarien** untersucht, deren eines genau die Antwort auf die Frage nach Faktor T **in einer zur Gänze aufs Autoteilen umgestellten Gesellschaft** liefert, in der es also keine Autos mehr in Privatbesitz, sondern nur mehr gemeinsam genutzte gibt – und wohlgemerkt, dies wird für den ländlichen Raum untersucht!

Denken Sie sich da bitte für einen Moment hinein:

Für Ihren Arbeitsweg haben Sie also zum Beispiel auf Ihrem Handy oder einem anderen Gerät eingegeben, wann ein selbstfahrendes Auto Sie zu Hause abholen und zur Arbeit bringen soll. Dieses Auto gehört nicht Ihnen. Sie zahlen nur die gefahrenen Kilometer, um Versicherung, Wartung etc. kümmert sich der Anbieter. Nach Ankunft am Arbeitsplatz (oder vielleicht bei einer günstig gelegenen S-Bahn-Stelle, je nachdem) begibt sich dieses Fahrzeug zur nächsten Adresse, um dort jemand einsteigen zu lassen, der einkaufen oder die eine Freizeitreise antreten will. So geht es weiter. Die Fahrzeuge sind ständig unterwegs (während heutzutage gerade etwa 11% des gesamten Fuhrparks jeweils gleichzeitig unterwegs sind). Zudem würden Sie für den Arbeitsweg vermutlich einen Kleinwagen nutzen, für einen Transport dann den Combi und für eine Fahrt mit Kindern ein voluminöseres Crossover-Modell. Und der Faktor T beträgt selbstverständlich nicht 31, aber auch nicht 2 oder 4 – er liegt bei 5 und lasse sich erhöhen bis zum Wert 10, errechneten die Studienautoren!

Das heißt: In einer so organisierten Gesellschaft würden tatsächlich um volle 80% weniger an Automobilen benötigt, oder wenn kleine Umwege mitkalkuliert werden, damit Mitfahrende nach dem Sammeltaxi-Prinzip zusteigen können, steigt das Reduktionspotenzial auf bis 90%! Die Annahme ist dabei sogar, dass sich die Gesamt-Mobilität leicht erhöhen wird, weil selbstfahrende Autos auch Kindern oder Menschen mit Handycaps ohne (Erwachsenen-) Begleitung oder Taxis eine teilweise sogar höhere Mobilität als heute ermöglichte. Es ist angebracht, an dieser Stelle die Studienzusammenfassung zur Gänze zu zitieren:

„Die Ergebnisse dieser **Studienzusammenfassung** zeigen die großen potenziellen Beiträge automatisierter Fahrzeuge zur Verbesserung der ökologischen Situation und der sozialen Inklusion am Mobilitätsmarkt. Diese potenziellen Auswirkungen hängen jedoch von den zukünftigen Anwendungsfällen dieser neuen Technologie ab und werden nur dann eintreten, wenn sie als Sharing-Konzepte umgesetzt werden. **Basierend auf dem heutigen Mobilitätsverhalten könnte die Anzahl der Fahrzeuge bei gemeinsamer Nutzung der Fahrzeuge um bis zu -80% und bei zusätzlicher gemeinsamer Nutzung von Fahrten um bis zu -90% reduziert werden.** (Hervh.: GR) Bei der Analyse bestehender Initiativen zur gemeinsamen Nutzung wird die Umsetzung der gemeinsamen automatisierten Mobilität ambivalent gesehen. Einerseits hat das Fehlen eines Fahrers einige Nachteile, da er eine wichtige Rolle spielt, wenn er bestimmte Benutzergruppen wie Behinderte, ältere Menschen oder Kinder begleitet. Andererseits wäre das System viel effizienter, da Fahrzeuge häufiger genutzt werden könnten und durch selbstständigen Ortswechsel zwischen den NutzerInnen zugänglicher wären. Fehlen Sharing-Mobilitätsmodelle jedoch, besteht ein hohes Risiko, dass die Nutzung von Privatfahrzeugen zunimmt, da neue Nutzergruppen hinzukommen und der Komfort des Reisens durch automatisierte Fahrzeuge im Allgemeinen zunimmt."

Was hier nur zusammenfassend nicht mehr angesprochen wird, aber sehr wohl untersucht wurde, ist eine nicht unbeträchtliche finanzielle Entlastung, die sich im je eigenen Geldbörserl beim Sharing-Modell individuell mit bis zu 50% Ersparnis bemerkbar machen würde; es wird keine Privat-Garage mehr benötigt – und, und, und. Es ergeben sich da viele Aspekte zum Weiterdenken, aber wie gesagt, hier gilt es ja, Potenziale der klimaschonenden Ressourcennutzung, -einsparung anzusprechen, ohne daraus sich ergebende Möglichkeiten in Folge erschöpfend und detailliert auszuleuchten. Wie wichtig angesichts des oben bereits gestreiften Arbeitsplatz-Argumentes die Sicherheit durch ein Grundeinkommen da allerdings wird, darauf sei nochmals hingewiesen. Insbesondere kommt das eine Kriterium der „Personengebundenheit" zur Geltung, die ja nichts anderes besagt, als dass jeder Person ein Grundeinkommen zusteht: das heißt eben, bei einer gesellschaftlichen Entscheidung, jedem Kind beispielsweise ein halbes Grundeinkommen zu gewähren, werden einem Vierpersonen-Haushalt von zwei Erwachsenen und zwei Kindern gemeinsam drei volle Grundeinkommen zur Verfügung stehen … was zu berücksichtigen ja nicht unwichtig ist, wenn sich heute in der Automobil-Branche-Beschäftigte angesichts des eben Dargestellten fragen, was sie denn in einer Gesellschaft tun würden, die sich entschlösse, Mobilität und deren Produktionskomplex so radikal rational und vernünftig zu gestalten. Mit dem bedingungslos garantierten Grundeinkommen kann, auf einen Haushalt bezogen, sich ein interessantes Gesamteinkommen ergeben und bei zudem deutlich verminderten Mobilitätskosten lässt sich die Frage von zusätzlichen Einkommensmöglichkeiten schon in ziemlicher Freiheit überlegen und entscheiden. An dieser Stelle auf die **Spielwiese** zu verweisen, die Paul Ettl (2020) entworfen hat, ist deswegen angebracht und für viele interessant, weil sie ermöglicht, die Einführung des Grundeinkommens auch bei unterschiedlichen Auszahlungshöhen einmal in Hinblick sowohl auf die eigene persönliche Situation/Steuerstufe, aber auch auf allgemein sich ergebende Konsequenzen anschauen zu können!

Jedenfalls, so meine ich, bestätigen die vorgelegten Argumente die im Titel aufgestellte These: **Geteilt mobil, bringt fürs Klima sehr, sehr viel.** Und was wiederum für dieses Teilen insgesamt förderlich und nützlich ist, das sind Veränderungstoleranz oder Offenheit für Neues, also genau jene Fähigkeiten oder Einstellungen, welche als Effekte durch eine Einführung des emanzipatorischen Grundeinkommens zu erwarten sind.

DIE FRAGE NACH DEN BEDINGUNGEN VON FORSCHUNG
EIN EXKURS

Angesichts der volkswirtschaftlichen Irrationalität gegenwärtiger Produktionsweise, um nicht zu sagen, der irren Überproduktion (vgl. dazu auch Illich 1973) mit all den offensichtlich unnötigen Belastungen für Mensch und Umwelt, die gerade erahn- und erkennbar wurden, stellen sich etwa folgende Fragen: Warum bleiben Studien wie die vorgestellte im Wissenschaftsbetrieb offensichtlich eine Randerscheinung? Warum aber wird dermaßen viel in Fragestellungen für kleinere technische Verbesserungen oder neue Modellentwicklungen investiert, die unterm Strich aber kaum etwas dazu beitragen, aus all der kostspieligen und zerstörerischen Unvernunft heraus zu finden? Oder anders gefragt: Unter welchen Bedingungen haben Wissenschafter*innen zu arbeiten? Wo liegen Hindernisse und Hemmnisse, wenn es darum geht, zukunftsweisende, auf Menschen besser abgestimmte und ökologisch nachhaltigere Wege zu erforschen? Was ist und wäre da förderlich?

Selbstverständlich betrifft dieser Punkt nicht nur den Bereich von Mobilität, sondern fast generell den Wissenschaftsbetrieb. Hier werden knappe Hinweise wie Wegweiser aufgestellt, wieder unter besonderer Berücksichtigung der gemeinsamen Schnittmenge der beiden Inhalte Grundeinkommen und Klima und vorneweg sei, als ein überaus aufschlussreiches und grundlegendes Werk, das Buch von Steven Pinker (2018) erwähnt mit dem Titel: „Aufklärung Jetzt. Für Vernunft, Wissenschaft, Humanismus und Fortschritt. Eine Verteidigung". Ohne Wissenschaft wären Lebensverhältnisse wie wir heutigen Generationen sie vielfach vorfinden nicht möglich. Das wird von Pinker wunderbar und datenreich vermittelt. Genauso gilt und gibt es nach wie vor viel zu verbessern; aber auch starke Kräfte, die dem entgegenwirken. Daher wählte der Autor als Untertitel: Eine Verteidigung.

Am Beispiel der Klimakrise, die inzwischen nicht nur spür- und erfahrbar und von durchaus zahlreichen (öffentlichen) Forschungen untermauert ist, lässt sich beobachten: Trotz solcher Offensichtlichkeit gibt es, insbesondere durch die (alten) Öl- und Atomindustrien finanzierte (Privat-) Institute, die mittels Gegenstudien und PR-Kampagnen jene anderen Forschungen und Ergebnisse desavouieren und damit nicht nur diese selber, sondern genauso jene Politiker*innen und Bewegungen in Frage stellen, welche auf die an und für sich gut belegten Warnungen zu antworten und reagieren versuchen. Oder, um bei Mobilitätsstudien zu bleiben: Welche von der Automobil-Industrie mitfinanzierte Universität wird Forschungen betreiben, die grundlegenden Interessen ihres Förderers zuwiderlaufen?

Und der Trend, Wissenschaft verstärkt zur Aufbringung von Drittmitteln, also meist zu privaten Beteiligungen zu verpflichten, ist inzwischen seit Jahrzehnten zu beobachten. Dem ist entgegenzutreten. Wissen ist ein Allgemeingut, Forschung entsprechend öffentlich zu finanzieren und deren Zielsetzungen demokratisch zu legitimieren.
Auch in diesem Anliegen, in dieser Forderung nach öffentlicher Forschungsfinanzierung und -legitimierung treffen sich die Klima- und Grundeinkommensbewegung und für diesen kurzen Exkurs möge eine stichwortartige Begründung genügen. Erstere wehrt sich gegen all die „Fake"-Studien, für zweitere ist eines ihrer zentralen Kriterien zu nennen, nämlich jenes der Teilhabe an öffentlichem Leben, inklusive Forschen.

Für klimagerechtes Wirtschaften und Konsumieren sind vielerlei Fäden ganz anders zu spannen als bisher. Die Einführung des Grundeinkommens wird dabei hilfreich sein – und dies nicht nur beim Flugverkehr!

FLUGVERKEHR

„Umsteigen und Teilen" könnte ein Motto für eine klimagerechte Strategie im Flugverkehr sein. „Umsteigen" – sicherlich; aber „Teilen"? Wo eh schon heute zu Hunderten eng zusammengepfercht geflogen werden muß! Wieder ein durchaus berechtigter Einwand, doch eins nach dem andern.

Nur zwei Stichworte zuvor zum Beitrag, der von einer Einführung des Grundeinkommens für eine solche Strategie zu erwarten ist. Diese sind: Zeit, beziehungsweise Leben in und mit einem etwas anderen Zeitgefühl; sowie Solidarität.
Schon vor dem abrupten Einbruch durch die Corona-Krise hat kaum mehr jemand bestritten: Tiefgreifende Veränderungen respektive technische Weiterentwicklungen sind angesichts der negativen Klimaeffekte durch den Flugverkehr unabdingbar. Für alle, die den Himmel schon einige Jahrzehnte beobachten können, ist es augenfällig: So viele Kondensstreifen wie heute oder über Großflughäfen selbst bei schönstem Wetter schon fast einen Dauernebel, das war vor 25 und mehr Jahren so nicht fest zu stellen. Und es gibt Schlagzeilen, die ebenfalls klar darauf deuten: Beim Flugverkehr ist ein schlichtes „Weiter-So-wie-Bisher" nicht zu verantworten. Entsprechende Artikelüberschriften lauten etwa:

„Die Hölle am Himmel" (Zeit online, Jg. 2018, Ausgabe: 33);
„Grafiken: Wie sehr Fliegen dem Klima schadet" (Süddeutsche vom 23.7.2019);
„Klimakiller Fliegen" von Ester Nestle (2019).

Auch entsprechende Studien sind leicht zu finden. Zwei weitere Hinweise auf interessante Hintergrundinformationen seien noch angeführt, weil sie bereits die einschneidende „Covid-19" Pandemie mit berücksichtigten: das Südwind-Magazin Dossier (SWM 7-8, 2020, S.26-37) sowie Descamp 2020.

Das Umweltbundesamt in Deutschland hat eine lesenswerte Gratisbroschüre veröffentlicht, die einen guten Einstieg in die Beschäftigung mit der Zukunft der Fliegerei gewährt. Diese sei daher Interessierten empfohlen, genauer vorgestellt werden braucht sie hier nicht, zumal sie online greifbar ist (vgl.: Umweltbundesamt 2019). Ein Zitat daraus, was eine doch offizielle Stimme verlautet, sei jedoch wiedergegeben und kommentiert:

„Baustein 8: Weniger fliegen. Die zunehmenden Umwelt- und Gesundheitsprobleme durch den Flugverkehr erhalten mehr Raum in der politischen, gesellschaftlichen und wissenschaftlichen Debatte. Bis zum Jahr 2030 findet bei vielen Menschen in Deutschland und Europa allmählich ein Umdenken statt. Unternehmen und Konsumenten reflektieren stärker als bisher ihre Wahl des Verkehrsträgers. Sie werden auf Grund ökonomischer Anreize, regulatorischer Maßnahmen und neuer Alternativen im Bahnverkehr seltener das Flugzeug wählen. Bis 2050 setzt sich dieser Trend auch weltweit durch. Im besten Fall bedeutet das: Die Vermeidung von Urlaubsflügen, der Ersatz von Geschäftsflügen durch leistungsfähige Kommunikationsinfrastruktur und eine wachsende Nachfrage nach regional angebauten oder produzierten Waren tragen dazu bei, das Luftverkehrsaufkommen bis 2050 zu reduzieren." (ebd. S. 27)

Dieses eine Zitat weist vorerst auf Folgendes:
Allein schon die Zwischenüberschrift „Baustein 8" zeigt an, dass hier ein ganzes Puzzle an notwendigen Schritten, Maßnahmen und Konsequenzen an- bzw. vorgedacht wird, angefangen bei Gesundheitsfragen, deren Beachtung selbstverständlich zu begrüßen ist, bis hin zur unabdingbaren Wissenschaft: Erwartet und gefordert werden weitreichende technische Innovationen. Denn selbst unter der Annahme, dass in Wirtschaft und Tourismus teilweise weniger geflogen werden wird: von einer erheblichen Steigerung des Flugverkehrs im Gesamten wird trotzdem ausgegangen, vermutlich zurecht. Doch soll Fliegen im Gegensatz zu heute durch die technischen Weiterentwicklungen bis 2050 **klima-neutral** möglich werden, so die Perspektive laut diesem Amt!

Das **Umsteigen** auf andere Verkehrsträger wird für die Zukunft ebenfalls erwartet! Ohnehin ist dieses in der aktuellen EU-Politik bereits Thema. Diese hat die Einschränkung von Kurzflügen zugunsten des Nacht-Zugverkehrs beispielsweise bereits im Visier! Nicht mitgedacht wird, was aber meines Erachtens sehr wohl wichtig und substanziell mitzuberücksichtigen wäre, ob eine Einführung des Grundeinkommens mit dazu beitragen könnte, beziehungsweise was. Das Argument ist folgendes: Menschen, die unter den Bedingungen einer garantierten Existenzsicherung leben können, werden ein neues Zeitgefühl entwickeln und höchstwahrscheinlich ihre Entscheidungen unter Berücksichtigung einer breiteren Palette an

> „Man hat uns in den vergangenen Wochen viele Pamphlete geschickt, unterzeichnet von Berühmtheiten. Weniger fliegen wollt ihr, weniger rauben, weniger töten. Aber wie könnt ihr glauben, dass nach 500 Jahren der Kolonisierung, nach tausenden Jahren der Unterjochung der Welt ein Gedanke kommen kann, der nicht nur weitere Zerstörung bringt?"

KAY SARA

relevanten Aspekten als heute treffen. Denn es scheint irgendwie naheliegend, dass, wer Entscheidungen nicht primär unter nur einem Gesichtspunkt trifft, nämlich wie er oder sie zu ausreichenden Mitteln kommt, um materiell gesichert leben zu können, insgesamt gelassener, ruhiger an die eigene Lebensorganisation herangehen dürfte. Es werden also zukünftig weit mehr Menschen nicht mehr jede einzelne Minute oder Stunde vorwiegend gemäß dem finanziellen Maßstab in die Waagschale des Entscheidens legen, sondern bedeutsamer könnten Fragen des Wohlfühlens, oder auch solche der Klima- und Umweltsicherung werden, auch für Nachkommende; und so weiter. Für die eine oder andere gemütliche Stunde im Nachtzug oder vielleicht, was Überseereisen betrifft, den einen oder anderen Tag mehr in einem voluminösen Segelschiff – nur beispielsweise gemäß der Maxime: Schon das Reisen ist Teil des Urlaubs und nicht allein notwendiges Übel, um ans Ziel zu gelangen – würden gegenüber einem Flug bestimmt nicht so selten doch der Schienen- oder Wasserweg bevorzugt.

Damit komme ich zur Überschrift des zitierten Absatzes zurück, dem **„Weniger Fliegen"**. Und damit verbunden werden soll als weiteres die globale Aussage im angeführten Zitat, Klimaneutralität werde sich bis 2050 weltweit realisieren lassen. Sie erinnern sich, Umgestaltungen oder Weiterentwicklungen der Mobilität sollten, so zu Beginn des Kapitels der Ausgangspunkt, wegen des Grundrechts auf freie Beweglichkeit, nicht unter der Vorgabe von Be- und Einschränkungen gesucht werden, sondern es sollte dem Problem doch anders, insbesondere in Form von volkswirtschaftlich rationalerer Organisation als heute begegnet werden. Nun das Fliegen stellt diesbezüglich tatsächlich eine Ausnahme dar. Linear einfach so wei-

45

termachen wie bisher, das geht sich nicht aus. Und schon gar nicht, wenn dies gerechterweise für alle Menschen auf allen Kontinenten gelten sollte (übrigens ein Kriterium, das die Studie so nicht berücksichtigt). Daher wird zwar von einem Weniger an Personen- und Güterflügen in bestimmten Bereichen ausgegangen, aber insgesamt dann, dank rasanter technologischer Fortschritte, die Klimaneutralität bringen sollen, doch eine Steigerung des bereits beträchtlichen Gesamtflugvolumens erwartet.

Das würde der Himmel nicht mehr verkraften können. Heute, bzw. im Jahr vor Corona wurden global rund 5.000 Mrd. Personenkilomenter (ebd. S.11) geflogen. Und in unterschiedlichen Schätzungen wird von einer Vervier- oder Versiebenfachung bis 2050 ausgegangen, wobei sich allerdings die Anteile von reichen Industrieländern im Norden und von Ländern in der südlichen Hemisphäre weiterhin wesentlich unterscheiden bzw. deren Unterschiedlichkeit großteils bestehen bleiben. (Übrigens werde ich wenige Zahlen zu dieser Kluft zwischen den Kontinenten im nächsten Kapitel 4D noch nachreichen). Hierbei jedoch auf ausgleichende/teilende Gerechtigkeit zu achten, sollte nicht einfach übergangen werden. Wollte man dies aber schlicht durch verstärktes **Wachstum** auffangen, dürfte Klimaneutralität nicht erreichbar werden, denn bestimmt wäre die Wachstumskurve so steil, dass mit technologischen Verbesserungen kein Ausgleich mehr zu schaffen wäre.

Insgesamt führt dieser weitere Aspekt von global fair verteilten **Fluganteilen** zu zusätzlichen sehr schwierigen, komplexen und herausfordernden Fragestellungen. Ihn aber auszuklammern dürfte diesbezügliche Konflikte nur in die Zukunft verlagern, womit sie bestimmt nicht leichter zu bewältigen sein werden. Es wäre also in solchen Zukunftsszenarien mitzuberücksichtigen, dass und wie Gesellschaften im globalen Süden, zumindest für einige Zeit, Ansprüche auf (nachholendes) Wachstum zuzugestehen sind. Das bedeutete allerdings gleichzeitig deutlich stärkeres Schrumpfen im sogenannten globalen Norden als teilweise vielleicht schon mitbedacht, soll Klimaneutralität als Ziel bestehen bleiben. Beim Fliegen zielt *„das Teilen"* im oben formulierten Slogan auf diesen Aspekt, die Verringerung einer enormen globalen Kluft. Und einmal mehr sehr, sehr grobkörnig dargestellt: Die Frage dieses Teilens ist dabei weniger eine des individuellen Verhaltens, als vielmehr des globalen Verhandelns und Steuerns. Und wenn sie denn überhaupt beachtet werden wird, wird sie, vorerst jedenfalls, für „unsere" nördliche Seite in weit stärkerer Weise herausfordernd als für die südliche. Aber ist sie alleine deswegen auszuklammern oder zu übergehen? Und wie lassen sich die hohen staatlichen Stützungen, die durch den Covid-19 Einbruch erforderlich sind, insgesamt für den Beginn oder die deutliche Intensivierung in den sozial und ökologisch gerechten Umbau der Fliegerei nutzen?

Wiederum gilt: Es ist davon auszugehen, dass sich **Gesellschaften, die sich mittels Grundeinkommen tolerant-solidarisch strukturieren** und im gesellschaftlichen Basisbereich „Teilen" praktizieren, mit den aufgezeigten Herausforderungen deutlich **leichter** tun werden. Nicht Neid-geleitetes Haften an Privilegien, gegenseitiger Respekt, Toleranz und Solidarität werden, lokal und global, die gesellschaftlich zusammenwachsende Welt und ihr Klima lebenswerter gestalten und erhalten.

KAPITEL 4D

MIT STEUERN LENKEN?
STEUER-/UNGSFRAGEN
4 KLIMAZIELE

Meist, wenn Grundeinkommen und Ökologie zusammen gedacht werden, wird Zweitere als Finanzierungsquelle für Ersteres betrachtet. Etwa in folgender Weise:

Der CO_2-Verbrauch ist aus wohl bekannten Gründen zu reduzieren, er soll also unattraktiver gemacht werden, zum Beispiel durch mehr oder weniger hohe Steuern. Das Verlockende scheint darin zu liegen, gleich zwei Fliegen mit einer Klappe treffen zu können: je ein Beitrag zum Klimaerhalt und ebenso zur Grundeinkommensfinanzierung (siehe z.B.: Schachtschneider oJ.; Schloen 2020). Allerdings scheint hier etwas Wichtiges übersehen zu werden, nämlich die Unterscheidung zwischen Betriebs- und Volkswirtschaft. Hermann (2020) macht aufmerksam, dass in der Politik beide gerne verwechselt werden. Zwar habe ein höherer CO_2-Preis eine Lenkungswirkung – aber nur beim einzelnen Produkt. Die Gesamtwirtschaft wird weiter in die Klimakatastrophe gesteuert, eine altbekannte Falle, schreibt sie, die Bumerangeffekt heiße.

„Dieses Paradox wurde bereits 1865 vom britischen Ökonomen William Stanley Jevons beschrieben und ist eine der wenigen Voraussagen über den Kapitalismus, die sich als richtig herausgestellt haben. Wer Energie oder Rohstoffe spart und mit weniger Materialeinsatz die gleiche Gütermenge herstellt, steigert in Wahrheit die Produktivität und ermöglicht damit wieder neues Wachstum.“

In der Umweltpolitik habe es daher wenig Sinn, nur auf Preise und Marktmechanismen zu setzen, führt Hermann weiter aus und bringt ein sprechendes Beispiel ausgerechnet aus *dem* Land des Liberalismus, aus Großbritannien und zwar zwischen den Kriegsjahren 1940 und 1945. Ich zitiere weiter:
„Damals standen die BritInnen vor einer monströsen Herausforderung. Sie hatten den Zweiten Weltkrieg nicht kommen sehen und mussten nun in kürzester Zeit ihre Friedenswirtschaft auf den Krieg umstellen, ohne dass die Bevölkerung hungerte. … Es entstand ein Kapitalismus ohne Markt, der bemerkenswert gut funktioniert hat. Die Fabriken blieben in privater Hand, aber die Produktionsziele von Waffen und Konsumgütern wurden staatlich vorgegeben – und die Verteilung der Lebensmittel öffentlich organisiert. Es gab keinen Mangel, aber es wurde rationiert. Die BritInnen erfanden also eine private und demokratische Planwirtschaft, die mit dem dysfunktionalen Sozialismus in der Sowjetunion nichts zu tun hatte. Die staatliche Lenkung war ungemein populär. Wie die britische Regierung bereits 1941 feststellen konnte, war das Rationierungsprogramm ‚einer der größten Erfolge an der Heimatfront‘. Denn die verordnete Gleichmacherei erwies sich als ein Segen.“

Tatsächlich! Denn mitten im Krieg war die Bevölkerung so gesund wie in der Friedenszeit zuvor nie. Da hatte ein Drittel der Bevölkerung unter Hunger, zu wenig täglichen Kalorien zu leiden und weitere zwanzig Prozent waren zumindest teilweise mangelernährt.

Ganz grundsätzlich und auf die heutige Zeit bezogen, weist auch Jürgen Habermas (2019, S.124) darauf hin:
„Bisher ist sie [die internationale Gemeinschaft, GR.] vor allem unfähig, die drängenden Probleme des fortschreitenden Klimawandels, die Risiken der Großtechnologien sowie die erwähnten Folgen des finanzmarktgetriebenen Kapitalismus zu bewältigen, vor allem die überfällige Regulierung des Bankensektors voranzutreiben. Diese Probleme setzen das Thema der Schaffung *und der Legitimation* von weltweit handlungsfähigen Institutionen auf die Tagesordnung der Weltpolitik.“ (Hvh.i.O.)

Gefordert ist handlungsfähige Politik, hier nur zweifach gestreift quasi von einem schwenkenden Scheinwerfer. Auf die globale Perspektive werde ich unten nochmals zurückkommen. Zuvor drei weitere Bemerkungen insbesondere auch in Hinblick auf unterschiedliche Finanzierungsmodelle fürs Grundeinkommen:

A) Sie erinnern sich, eine Konsequenz, welche sich bei der Diskussion des Carsharing – dessen Propagierung ja übrigens unmittelbar begonnen werden könnte – nahegelegt hat, bestand in einem durchaus beachtlichen Rückbau der, volkswirtschaftlich betrachtet, massiven Überproduktion, wie diese ja im Wachstumskapitel (4B) generell ebenfalls angesprochen worden war. Das erfordert politische Steuerung, die von reiner Besteuerung zu unterscheiden ist, eben Lenkung, ohne privatwirtschaftliche Strukturen aufzulösen oder gar demokratische Prozesse in Frage zu stellen. Als Hoffnungsschimmer, dass dies möglich ist, können immerhin die vielen gesetzten Corona-Maßnahmen und Verordnungen gelten, sowie die Debatten darüber, die aufgrund der notwendigen Eile während der Entscheidungsprozesse, demokratisch durchaus anfechtbar, erst im Nachhinein geführt wurden. Trotzdem ist die Politik im Allgemeinen auf ein breites Verständnis gestoßen und nicht selten als positiv bewertet worden. Das dürfte unter anderem damit zusammenhängen, dass zumindest unbewusst doch die meisten realisierten oder erahnten, dass auch ein Brand nicht ohne Wasserschäden zu löschen ist. Und politisch war schließlich so rasant wie bei einem Großbrand zu reagieren. Beim Weggehen von, um nicht zu sagen, beim Umkehren der noch dominanten Wachstumsorientierung zugunsten von Klimaerhalt oder -rettung wird einer gewissen materiellen Sicherheit durch Grundeinkommen eine wichtige Funktion zukommen (vgl. Kap.3).

Politische Lenkung, selbstverständlich demokratisch legitimiert, steht an. Konsequenterweise fordert sie gerade angesichts des Covid-19-Geschehens auch UN-Generalsekretär A. Guterres (2020) verstärkt ein, z.B. mit dem Stichwort: „Robustere Globale Governance". Denn rein nationale Machtpolitik, oder der „Markt" allein reichen heute nicht mehr aus.

B) Und genau da liegen die inhaltlich relevanten Argumente, die gegen das Grund-einkommen-Finanzierungsmodell via Mehrwertsteuer sprechen – noch vor allen Detailberechnungen inklusive der darin liegenden, nicht zu Unrecht beanstande-ten Problematik einer tendenziell stärkeren Belastung von einkommensschwachen Bevölkerungsschichten. Diese Gründe lassen sich wie folgt zusammenfassen: Eine (fast) ausschließliche Finanzierung aller Staatsausgaben inklusive Grundein-kommen mittels Mehrwertsteuer, wie sie im Rahmen dieses Modells vorgeschlagen wird, erfordert einen entsprechend hohen Abgabensatz, was wiederum den Ratio-nalisierungsdruck in der Güterproduktion, den oben erwähnten Bumerang-Effekt noch massiv verstärkt – nicht nur zulasten des Klimas! Mit solch einer massiven Besteuerung von jeglichem Konsum und allen Dienstleistungen wird zudem die politische Lenkungsfunktion geschwächt statt gestärkt, denn diese wird zu einem erheblichen Teil „delegiert", nämlich insofern als große Marktplayer ihre Markt-macht verstärkt in entsprechendes Lobbing und zumindest indirekt in politische Machtausübung umsetzen werden. Ein informatives Beispiel wird im Literaturver-zeichnis geschildert (vgl. Descamp 2020).

Weder ist zu erwarten, dass eine Forcierung von (nur beispielsweise, weil es oben gerade Thema war) Auto-Teilen, und (nach vielen Debatten vielleicht einmal ergän-zend) eine deutlich spürbare Verteuerung privater Autonutzung auf die politische Agenda gesetzt werden wird; noch, dass eine intensive Ausweitung öffentlicher Angebote gerade im Bildungs-, Forschungs-, Gesundheits-, Pflegebereich etc. in Gang kommen wird, wenn die Staatsfinanzen noch stärker vom „Markt" und den dahinter agierenden Interessen abhängig gemacht werden. Es ist ein fataler Kategorienfehler, wenn volks- oder globalwirtschaftliche Kategorien mit betriebs-wirtschaftlichen verwechselt oder beide auch nur zu wenig unterschieden, bezie-hungsweise letztere den ersteren gar überordnet werden. So werden allgemeinwirt-schaftliche Zielsetzungen wie Klimaerhalt nicht zu erreichen sein, beziehungsweise ganz generell betrachtet: Dann kommen das Allgemeinwohl und mit diesem das individuelle Wohl von ganz vielen und eben genauso das Klima „unter die Räder". Im buchstäblichen Sinne! Es mag historisch durchaus nachvollziehbare Gründe geben, weshalb das „Brutto National Produkt" das BNP, aufs erste Podest gehoben wurde. Aber auch der Anachronismus, dies noch immer zu tun, wird sich mit solch einem einheitlichen, alles über nur einen einzigen Leisten verrechnenden Steuer-mechanismus nicht verändern, das BNP sich nicht ersetzen lassen, z.B. durch: „Brutto National Glück"oder sogar „WeltBruttoZufriedenheit" – oder wie immer ein am Gemeinwohl, beziehungsweise, wenn Klimaerhalt mit einbezogen werden soll, ein am allgemeinen Wohlfühl-Klima orientiertes Leitziel auch genannt werden soll (vgl. auch Kap. 4B).

C) Der Ettl'sche Finanzierungsvorschlag (Ettl 2020) hat demgegenüber gerade nicht Konsumsteuern als Finanzierungsquelle im Auge, sondern Anpassungen im bestehenden System von Einkommenssteuern bzw. all den diversen, eben auch veränderbaren Abgaben, über welche allgemein gewollte und erwünschte politische Steuerungen möglich bleiben bzw. sich allenfalls auch stärker als bisher einsetzen lassen.

Es gibt (männliche) Staatenlenker, die im Agieren gegen die Corona-Krise eine Kriegssprache verwendeten, doch eine Pandemie ist kein Krieg. Trotzdem: Sowohl im England in den *Demokratische* Kriegsjahren als auch bei der aktuellen Covid-19-Politik ist *Zielvorgaben,* zu sehen: Politik hat die Wirtschaft zu lenken, nicht umge- *politische* kehrt. Wichtig und auch zu fordern ist, genau diese Einsicht *Lenkung und* jetzt mitzunehmen. Denn das kleine Virus machte auf etwas *Privatschaft* Weiteres aufmerksam, was in Analysen öfters erwähnt wurde: *schließen sich* Im Vergleich zu Katastrophen, die drohen, wenn den anste- *nicht aus.* henden Klima-Herausforderungen nicht konsequent und zielstrebig entgegnet wird, dürfte das globale Covid-Ereignis ein schales Lüfterl gewesen sein. Aber soviel Zeit, die notwendigen Lenkungsziele demokratisch zu bestimmen und nicht einfach von oben festzusetzen, die dürfte gerade noch gegeben sein – aber doch wieder nicht soviel davon, dass jetzt getrödelt werden dürfte.

Ansätze auf globaler Ebene, wenn auch (tagespolitisch) heftig umstritten, gibt es: die Sustainable Development Goals (SDG). Alleine, ihnen auch nur eine Einführung zu widmen, ist an diesem Ort nicht möglich angesichts der Komplexität und Vielfältigkeit: Nicht weniger als 17 allgemeine Ziele wurden in insgesamt 169 einzelne Vorgaben ausdifferenziert und auf der UNO-Konferenz 2015 beschlossen. Damit ist einerseits wirklich viel gelungen, andererseits aber in dieser globalen Lenkungsfrage auch noch enorm viel zu leisten. Es würde auch zu wenig sein, hier nur das eine SDG-Ziel 13, die Maßnahmen zum Klimaschutz zu referieren, weil alle 17 Bereiche mehr oder weniger intensiv untereinander vernetzt sind und so erst recht wieder das Ganze in den Blick zu nehmen wäre! Daher wird ein einziger Link mit vielen weiterführenden Adressen (auch zum Originaltext) als Einstieg im Literaturverzeichnis unter „Wikipedia, SDG" angeführt.

Als zweiter Hinweis wird nun ein Buch, „Globo", vorgestellt, welches zum Zeitpunkt dieser Niederschrift gerade fertiggestellt und im September 2020 erscheinen soll (Exenberger, Neuner, Nussbaumer 2020). Die drei Innsbrucker behandeln jedes der 17 globalen Ziele je in einem Kapitel und dies unter einem bis zum Anschlag eingestellten Verkleinerungsobjektiv: **Die Autoren zoomen nämlich die Welt auf genau 100 Personen** und zeichnen deren Beziehungen, Konsum-, Produktions- oder Umweltverhalten und oft auch deren Veränderungen im Laufe der Geschichte entlang der 17 Bereiche wirklichkeitsgetreu nach. Dadurch wird das Ganze extrem anschaulich und eine statistische Biographie zu jeder der 100 Personen im An- hang des Bandes ermöglicht es auch, Rollenspiele zu konzipieren und allenfalls auch in dieser Form viel über wirklich relevante Fragen sozialen und ökologischen Verhaltens zu lernen wie beispielsweise bestehende gravierende Einkommensun- terschiede und Vermögensungerechtigkeiten, die nach einem Ausgleich geradezu schreien. Vielleicht sogar via Grundeinkommen? Ausgeschlossen ist dies nicht. Je- denfalls sind im vorletzten Kapitel zu SDG-Ziel 17 darüber Sätze zu lesen, was eine „faire" Entlohnung für alle bedeute und dass schon diskutiert würde, tatsächlich allen zumindest ein Minimum an Versorgung zu sichern ...

Ein weiteres Beispiel gefällig? Bitte als Abschluss hier gerne! Dabei möchte ich das noch offene Versprechen aus dem Teilkapitel **Flugverkehr** einlösen, nämlich Ihnen darzustellen, wie sich denn das dort erwähnte globale Flugvolumen an Personen- kilometern von in Summe 5000 Milliarden Km im Jahr 2019 **auf die einzelnen Kontinente verteile.** In ihrem Buch „Globo" stellen Exenberger und seine beiden Kollegen dies im Kapitel zu SDG 9 (Fortschritt für wen?) in einer Grafik dar. Und zwar haben die drei Autoren auf der Grundlage aller global gebuchten Flüge und der insgesamt zurückgelegten Personenkilometer errechnet, dass dies für die 100 Personen von Globo im Total durchschnittlich zu 48 Buchungen je Jahr führen würde, die mit 4 Flügen zu je 12 Sitzen in diesem möglichst wirklichkeitsnah ab- gebildeten Minikosmos realisiert würden. Die eine oder andere Verzerrung können die Autoren, wie sie bemerken, nicht vermeiden. Aber großo modo stimmt das Bild. Es gibt natürlich einige reiche Passagiere, die jedes Mal mitfliegen, trotz der nur 48 jährlich möglichen Buchungen.

In welchen Kontinenten leben nun die Personen, welche diese 48 Plätze buchen würden? Je 12 oder 13 Flugsitze werden je Jahr in Europa und den USA und etwa 19-20 in Asien gebucht, also zusammen mindestens 45 Plätze. Afrikaner*innen kaufen eine Mitflugmöglichkeit in dieser realitätsnahen Miniwelt überhaupt nur alle 2-3 Jahre, insgesamt also etwa zwei Sitze in 5 Jahren und aus Lateinamerika wird jedes Jahr ein Sitz regelmäßig angefordert, aber manches Jahr auch 2!

Wenn Sie nun Lust verspürten, noch mehr von dem zu lesen, was die Wissenschafter in Tirol alles zu den SDGs erarbeitet und herausgefunden haben, überraschte mich das nicht.

Erkennbar ist an diesem Beispiel: Solch enorme Ungleichgewichte, wie sie, derart verkleinert umso deutlicher erkenn- und vorstellbar sind, nicht mit zu berücksichtigen, ist bestimmt nicht klug, wenn es darum geht, Beschränkungen und ev. noch regional zuzugestehende Steigerungen beim Flugvolumen in anstehenden oder kommenden Verhandlungen und Konferenzen zu planen beziehungsweise zu beschließen. Es leistete zukünftigen Konflikten nur Vorschub. Sogar Angela **Merkel**, die deutsche Bundeskanzlerin, hat auf solche Zusammenhänge anspielend schon 2007 festgestellt, **allen Menschen würde prinzipiell ein in etwa gleicher CO_2-Ausstoß zustehen** (wörtlich findet sich ihr Zitat im Literaturverzeichnis unter: Hosang Hg., 2007). Zu erinnern ist zudem an den Vorrang, welcher der sozialen Frage vor dem rein ökologischen Anliegen zukommt, soll Letzterem auch wirksam begegnet werden (vgl. Kap.3).

Zusammenfassend und jüngste Corona-Erfahrungen einbeziehend, diese aber auch weiterführend, lässt sich als These festhalten: Einfach ein Mehr an CO_2-Abgaben oder nur schon die Aufhebung der Steuerbegünstigungen für Kerosin – übrigens eines der in den SDG-Dokumenten niedergeschriebenen Unterziele – alleine werden nicht ausreichen, langfristig die anstehenden Umweltprobleme bewältigen zu können. Für eine an Gerechtigkeit orientierte Klima-neutrale Politik mag es ein sinnvoller Beginn sein, das schädliche Wirtschaften und Konsumieren einfach stärker zu besteuern; und selbst das nur dann, wenn dies sozial gut verträglich geschieht.

Wirklich entscheidend sein wird die politische Steuerung demokratisch legitimierter volks- und globalwirtschaftlicher Zielsetzungen zum nachhaltigen Schutz und Erhalt von Umwelt und Klima genauso wie hoffentlich bald einmal auch zur Einführung des Grundeinkommens, der solcherart weiter zu entwickelnden und zukunftsorientierten Form von sozialer Sicherheit.

DIE VIELEN 4
REINER
SONNENGESANG?

„KEINE FRAGE: DAS GRUNDEINKOMMEN WIRD ZU DEINER FREIHEIT BEITRAGEN, DEIN LEBEN IN WÜRDE ERMÖGLICHEN. ZU DRINGENDEN FRAGEN UNSERER ZEIT, WIE ARBEITSPLATZUNSICHERHEIT DURCH DIGITALISIERUNG, BULLSHIT-JOBS, SOZIALE SPALTUNG, GESCHLECH-TERUNGERECHTIGKEIT, RASSISMUS, UMWELTZERSTÖRUNG WIRD ES EINEN ZUKUNFTSORIENTIERTEN BEITRAG LEISTEN. AUCH WENN ES ALL DIESE PROBLEME ALLEINE NICHT LÖSEN WIRD – ES WÜRDE DIE GRUNDLAGE FÜR SOZIALEN FRIEDEN BEDEUTEN. DARUM MÖCHTEN WIR DAS GRUNDEINKOMMEN ALS MENSCHENRECHT GARANTIERT WISSEN. **UND: FINANZIERBAR IST ES, WENN WIR DIES WOLLEN.“**

Nebenstehendes Zitat findet sich auf einem Flyer unseres Vereins „Das Grund-einkommen". Dass in all den vorausgegangenen Kapiteln allerdings nur Fragen zu einer einzigen der angesprochenen Herausforderungen behandelt wurden, ist offensichtlich. Und selbst da ist angesichts des bislang Ausgeführten trotzdem un-eingeschränkt, aber realistisch festzuhalten: Das Grundeinkommen wird nicht alle Probleme lösen. Es ist eben kein Allheilmittel. Doch schafft es für deren Lösung ganz andere und jedenfalls bessere Rahmenbedingungen, als die aktuell beste-henden. Genau deswegen gehört es eingeführt!

Der Einsatz und Aufwand für dessen Einführung lohnt sich, weil mit Umsetzung dieser Idee Kräfte freigesetzt werden, die dringend benötigt werden, soll eine le-bensfähige soziale und ökologische Umwelt erhalten oder auch neu geschaffen werden. Und die im Einleitungskapitel 1 angesprochene Schubumkehr zeigt es: Schon die Idee des emanzipatorischen Grundeinkommens vermittelt gerade in ei-ner Krisensituation wie im Frühling 2020 Motivation und Kraft, real und konkret! Es ist also kein leeres Geschwätz, keine illusionäre Vision, wie es von Gegner*in-nen dem Grundeinkommen oft unterstellt wird. Es ist kein Sonnengesang, der nur durch schöne Klänge und Worte bezirzt.
Nein, die Idee vermittelt wie die Sonne Energie, ihr zugrunde liegt zudem ein ech-tes Lob auf die Würde von Mensch und Umwelt. Und: Lob vermittelt Kraft, er-muntert zu Einsatz, zu Engagement für eine bedingungslos gesicherte Existenz in lebensgerechter und -werter Umwelt, und ich wiederhole mich: deren Umsetzung wird weitere Potentiale entfalten.

Es ist – um einen riesengroßen historischen Bogen aufzuspannen – wie mit all dem Lob, das der historische Franziskus vor rund 800 Jahren in seinem „Sonnengesang", einem der ältesten Dokumente der italienischen Literatur, ausgesprochen hat – aber eben, nicht nur ausgesprochen/gebetet hat: Dieses Lob war Kraftquelle für seine Praxis, eigentlich war und ist diese das eigentliche Gebet; jenes Handeln eben, das eine breite, mächtige und langanhaltende Bewegung für Menschenwürde, Lebensfreude und intaktes Weltumfeld in Gang gesetzt hat. Franz Schupp beschreibt dies wie folgt (Schupp 1990, S. 585f., ich zitiere etwas Ausführlicher, weil der Band vergriffen und auch antiquarisch kaum mehr erhältlich ist; zum historischen Hintergrund vgl. weiters: Schupp, 2003, Kap. XII,2 und XIII,1):
„Bei Franz von Assisi lag eine dialektische Bewegung von Verzicht auf Welt und Wiedergewinnung von Welt mit einer neuen Weltbeziehung vor. Der Verzicht bedeutete, keine Macht über die Geschöpfe – Menschen wie Umwelt – ausüben zu wollen, und dies ermöglichte einen freien Umgang mit der Welt, in welchem die Welt auch als schön erfahren wurde, ohne daß sie einen sakralen oder numinosen Charakter erhalten hätte. Er fand seinen Ausdruck in provozierendem Handeln und in Dichtung und beides wurde besser verstanden als theoretische Lehrsätze.
Es wurde schon darauf hingewiesen, daß mit dem Ruhegebot des Sabbat [/Sonntag, GR] auch der Imperativ verbunden ist, nicht alles zu tun, was möglich ist. Vielleicht wird ein bedeutendes Element der geforderten Praxis im Lassen bestehen. Nietzsche hat diese Forderung als die wahre und bleibend gültige des Christentums – und dies im Zusammenhang mit einer scharfen Verurteilung des weltverneinenden Christentums – aufgestellt:

Es ist falsch bis zum Unsinn, wenn man in einem ‚Glauben', etwa im Glauben an die Erlösung durch Christus das Abzeichen des Christen sieht: bloß die christliche Praktik, ein Leben so wie der, der am Kreuze starb, es lebte, ist christlich … Heute noch ist ein solches Leben möglich, für gewisse Menschen sogar notwendig: das echte, das ursprüngliche Christentum wird zu allen Zeiten möglich sein … Nicht ein Glauben, sondern ein Tun, ein Vieles-nicht-tun vor allem, ein anderes Sein. [aus: Der Antichrist, GR]

Selbstbeschränkung, um unsere Welt vor irreversiblem Schaden zu bewahren, ist schon deshalb erfordert, da ohne diesen asketischen Umgang mit den Gütern dieser Welt die begrenzt zur Verfügung stehenden Ressourcen über kurz oder lang nur noch in kriegerischer Auseinandersetzung ‚verteilt' werden können, wodurch einmal mehr der Einsatz des ungeheuren angehäuften Vernichtungspotentials in gefährliche Nähe rückt. Solche asketische Selbstbeschränkung ist nicht ein Mittel für ‚höhere Werte', die durch eine solche Praxis erlangt werden sollen, sondern

stellt einen Wert in sich dar, korrespondierend dem Wert der Bewahrung dieser
Welt. Eine franziskanische Variante des christlichen Mythos dürfte in unserer Gegenwart die pragmatisch richtige sein."

Keine Macht über Menschen wie Umwelt, das ist das Paradoxe, bringen mehr
Lebensfreude und Lebensfülle. Genau dies trifft einen zentralen Nerv beim Grundeinkommen. Dessen Umzusetzung beinhaltet ein Umdenken gegenüber aktuell
gültigen und prägenden Werten. In nur zwei Worten: Weg von der Quantität hin
zur Qualität. Oder, um es vielleicht etwas sinnlicher zu sagen: Es gilt, allgemein
das (nur) gesättigte/übersättigte Leben zu verabschieden zugunsten von freudvoll
schönen Lebensformen.

Das bedeutet auch ein Umdenken, und vielleicht ist dies etwas vom Schwierigs-
ten im ganzen Grundeinkommensprojekt; eine mentale Neuaufstellung: Zuerst das
Begrüßen/Befürworten, dann das Einüben in eine an menschlicher Würde und
Klimaneutralität orientierte individuelle und gesellschaftliche Lebenspraxis. Deswegen ist dieses letzte Kapitel möglicherweise sogar das Wichtigste! Groß ist nicht
die technische Einführung des Grundeinkommens, die eigentlich nicht mehr als
eine mehr oder weniger umfangreiche Steuerreform sein könnte (vgl. vorne Kap.2,
bzw. ausführlicher Ettl 2020), aber groß und herausfordernd sind die mentalen und
in Folge praktischen Schritte, die es zu unternehmen gilt. Dies fängt an mit dem
ersten, dem Sich-Anfreunden mit der Basic Income-Idee, wird weiterführen zum
Sich-Einsetzen für deren Realisierung, zu praktischem Handeln eben. Schließlich
wird es – teilweise vielleicht parallel, ansonsten beim Noch-Weiter-Gehen – zum
Hineindenken und Etwas-Tun des Vielen damit Verbundenen führen.

So zum Beispiel: ▪ sich individuell vom heutigen am quantitativen Konsumverhalten orientierten Lebensstil zu verabschieden – und trotdem nicht depressiv zu werden, wenn Stress einen nicht mehr jagt (vgl. Kap. 4A),

▪ gesellschaftlich den Wert „Bruttonationalprodukt" zu ersetzen mit etwas Vergleichbarem zum „Bruttonationalglück", wie er in Bhutan schon heute nicht nur bezeichnet sondern auch umzusetzen versucht wird; und auf diesem Weg an einem Welt-Frieden mitzubauen, der möglichst keiner Rüstungsausgaben mehr bedarf (vgl. Kapitel 4B),

▪ nur zum Beispiel Mobilität so zu organisieren und teilen, dass sich der Besitz von Privatfahrzeugen erübrigen könnte (vgl. 4C),

▪ oder daran mitzubauen, dass Staaten insbesondere auch in ihrer globalen Vernetzung Lenkungsfunktionen, demokratisch legitimiert, wieder stärker übernehmen/teilen und weniger an einen, möglichst ungeregelten, Markt delegieren (vgl. 4D).

Aber Vorsicht: Die Umsetzung solch weitreichender Maßnahmen ist für eine Einführung des Grundeinkommens nicht erforderlich, bzw. Voraussetzung. Ihnen gegenüber erscheint dessen Realisierung vergleichsweise sogar einfach. Doch bedeutete dessen Verwirklichung bestimmt ein Riesenpotential, wenn die mit diesen Beispielen angedeuteten Wege eingeschlagen werden sollen. Es ist also umgekehrt: Das Grundeinkommen dürfte soziale, gesellschaftliche Voraussetzungen dafür stärken oder schaffen, dass Wohltuendes fürs individuelle wie fürs Allgemeinwohl leichter zu erreichen sein wird, und ebenso, dass wirklich Grundlegendes, Relevantes (und nicht nur billiges green-washing) für Klima und Umwelt angegangen werden kann. Es gibt meines Erachtens starke Argumente, die belegen: Mit Grundeinkommen werden solche sozialen und ökologischen Ziele ziemlich sicher besser erreichbar sein als unter aktuellen Gegebenheiten, was sich insgesamt genau so zusammen fassen lässt: **Grundeinkommen 4 Wohlfühlklima!**

Selbstverständlich bestehen, was die vorhin angesprochene mental/spirituelle Ebene betrifft, ganz unterschiedliche Zugänge, seien diese nun eher philosophisch/humanistisch, fernöstlich-buddhistisch, ökosozialistisch oder wie auch immer geprägt. Aufgrund meiner Lebensgeschichte neige ich persönlich eben zum, auch nur angedeuteten franziskanisch-christlichen. Im gemeinsamen politischen Handeln aber dürften oder sollten die je verschiedenen persönlichen Verankerungen sich nicht gegenseitig ausschließen, sondern hoffentlich ergänzen und gegenseitig stützen.

Genauso offen erlebe ich übrigens das Amtsverständnis des aktuellen Papstes. Es war schon eine Namenswahl von tiefem programmatischem Charakter, als Jorge Bergolio anlässlich seiner Kür in die neue Funktion sich als Franziskus I. vorgestellt hat. Er selbst gab sich just den Namen von jenem Bettelmönch, der rund 800 Jahre früher gelebt und sich in kritischer Praxis gegen obrigkeitlichen Machtmissbrauch in Kirche und Gesellschaft paradigmatisch für einen wertschätzenden würdevollen Umgang mit Mitmenschen und Schöpfung engagiert hatte; erstmals in der langen Geschichte der Kirche benannte sich jemand an diese leitende Stelle Gewählter mit dessen Namen. Es entspricht vollkommen dieser Orientierung von Franziskus I., dass er sich zu Ostern 2020 angesichts der Folgen der Corona-Pandemie in einem Brief an die Angehörigen von Volksbewegungen für die Einführung des Grundeinkommens ausgesprochen hat (Franziskus I. 2020):

„Vielleicht ist jetzt die richtige Zeit, über ein universales Grundeinkommen nachzudenken, das die wichtigen und unersetzlichen Aufgaben anerkennt und würdigt, die sie erfüllen; ein Einkommen, das den ebenso menschlichen wie christlichen Leitsatz dauerhaft Wirklichkeit werden lassen kann: Kein Arbeiter ohne Rechte."

Literaturverzeichnis (mit teilweise kurz kommentierten Literaturangaben)

Blaschke, R. 2020: Klimaschutz braucht bedingungsloses Grundeinkommen, in: Klimareporter v. 17.6.2020; https://www.klimareporter.de/gesellschaft/klimaschutz-braucht-ein-bedingungsloses-grundeinkommen

Bohmeyer, M. 2019: Angstfrei macht hitzefrei, https://www.mein-grundeinkommen.de/magazin/angstfrei-macht-hitzefrei; geöffnet im Mai 2020

Bohmeyer, M., Cornelsen C., 2019: Was würdest Du tun? Wie uns das bedingungslose Grundeinkommen verändert. Berlin.

Brand U., Wissen M., 2017: Imperiale Lebensweise. Zur Ausbeutung von Mensch und Natur im globalen Kapitalismus, München.

Büchele H., Wohlgenannt L., 20162: Grundeinkommen ohne Arbeit, Auf dem Weg zu einer kommunikativen Gesellschaft, Wien (ÖGB-Verlag).
Die zweite Auflage dieses bereits 1985 veröffentlichten Buches wurde zum 85. Geburtstag von Liselotte Wohlgenannt unverändert veröffentlicht, aber ergänzt und erweitert mit Artikeln namhafter Autor*innen wie Margit Appel, Ronald Blaschke, Markus Blümel ua. Es ist wohl legitim, wenn ein Originaltext von 1985 nach gut 30 Jahren unverändert wiederveröffentlicht werden kann, diesen als Klassiker zu bezeichnen. Allerdings würde heutzutage anstatt „ohne Arbeit" wahrscheinlich etwas präziserer „ohne Lohnarbeit" formuliert. Umso schöner und wegweisender ist der Untertitel zu lesen; und erwähnenswert insbesondere, dass dieser Band im Gewerkschaftsverlag erscheinen konnte!

Dahl, J. 2020: Drei Essays von Jürgen Dahl mit den Titeln „Einrede gegen die Mobilität", „Der Anfang vom Ende des Automobils", „Einrede gegen Plastic"; mit einem Vorwort von Jürgen Trittin, Verlag das kulturelle Gedächtnis.
Anlass, die drei Vorträge von J. Dahl aus den 1970er Jahren wieder herauszugeben war die Aufregung um #Omagate, ausgelöst durch einen Song, in welchem ein satirisches Kinderlied die Generation der Großeltern als „Umweltsau" verulkt. Für Trittin ist klar, auch er gehört heute zu dieser Großelterngeneration. Er schreibt im Vorwort: „Ich bin 1954 geboren. Ich habe über das Lied geschmunzelt. Die berechtigte Frage aber, die die Generation #FridaysForFuture angesichts der Klimakrise an uns stellt, lautet: ... dass die Generation der Boomer eines nicht kann. Sie kann sich nicht auf Unwissen berufen. ... " Wie wahr! Daher bitte nachlesen. Vgl. dazu auch Illich 1973.

Dahrendorf R. 2007: Ein garantiertes Mindesteinkommen als konstitutionelles Anrecht, in: Hosang (Hg.) 2007, 39-48.

Das Denknetz 2020, Ausgabe 007: Schafft das Bevölkerungswachstum Klimaprobleme? (S. 41)
Auch wenn es dieser Titel gar nicht vermuten lässt: Die exakten Zahlen zur Autonutzung in der Schweiz finden sich hier und lauten wie folgt: Für 1000 Personen sind 543 Personenwagen zugelassen. Ihnen stehen für 1000 Mobility-Mitglieder 17,5 Autos gegenüber, oder für 177.100 Mitglieder 3.090 Autos. Und die 543 geteilt durch 17,5 ergeben 31,2, gerundet den X-Wert 31.

Descamp Ph. 2020: Luftfahrt in Turbulenzen, in: Le Monde diplomatique, Ausgabe Schweiz, Juli 2020, S.10-11.
Hier gibt es informative Grafiken. Nur ein Zitat zur Dimension der Turbulenzen: „ ... ohne Staatshilfen [könnten] in der britischen Luftfahrtindustrie kurzfristig 124 000 Stellen wegfallen. ... Das wären mehr Arbeitsplätze als während des stärksten Einbruchs der Kohlenindustrie (1980-1981)". Trotzdem wird am Ende des Artikels „ökologische Kostenehrlichkeit" gefordert. „Ein mögliches Modell ist die Idee einer ‚individuellen CO_2-Allokation', die auf eine ‚Flugquote' hinausläuft", sodass nur gelegentliches Fliegen allen, auch Gering-Verdienenden möglich bleibt und jenseits der Grenzen „wären dann quasi prohibitive Preise fällig." !
Interessant, gerade für Kap. 4D: In Frankreich könnte der Staat als wichtigster Geldgeber der Flugbranche Industriepolitik im Sinne der proklamierten Energiewende gestalten. Allerdings steht dem seit der Privatisierung unter der Regierung Jospin (1997-2002) der Vorrang der Aktionärsinteressen entgegen!

Descamps Ph., Thierry L. 2020: Corona-Schock und Klimapolitik, Le Monde diplomatique, Ausgabe Schweiz, Mai 2020, S. 1 und 8.

Ettl, P. 2020: Überlegungen zum Grundeinkommen, BGE für alle? Auch für mich? BoD-Verlag.
Unter dem unten angeführten Link findet sich die „Spielwiese", in welcher Auswirkung einer Grundeinkommensauszahlung in verschiedenen Höhen in Hinblick auf die je eigene Steuerstufe aber auch in Bezug auf die gesellschaftlichen Bevölkerungsanteilsanteile, die insgesamt netto profitieren werden eingeschätzt werden können: https://www.dropbox.com/s/x7oym03xzl37i8n/BGE%20als%208.%20Einkommensart%20%28Spielwiese%20mit%20variablem%20BGE%202020-04-11%29.xlsx?dl=0

Exenberger A., Neuner S., Nussbaumer J. 2020: GLOBO. Eine neue Welt mit 100 Menschen, erscheint im Sept. 2020.

Franziskus I. 2020: https://www.vaticannews.va/de/papst/news/2020-04/im-wortlaut-papst-an-volksbewegungen.html

Fromm E. 1966: Psychologische Aspekte zur Frage eines garantierten Einkommens für alle, in: Honsang (Hg.) 2007, S. 23-38

gerechte1komma5-Initiative 2020: Klimaplan von unten: https://klimaplanvonunten.de

Grobner C. 2020: Presse v. 15.05.2020; https://www.diepresse.com/5814160/verschwendete-lebensmittel-belasten-das-klima (Den Hinweis verdanke ich J. Nussbaumer.)

Guterres A. 7.7.2020: Weckruf gegen das Virus der Spaltung, in: Der Standard v. 7.7.2020, Kommentar der anderen; https://apps.derstandard.at/privacywall/story/2000118540338/weckruf-gegen-das-virus-der-spaltung

Guterres A. 18.7.2020: Secretary-General's Nelson Mandela Lecture: "Tackling the Inequality Pandemic: A New Social Contract for a New Era"; https://www.un.org/sg/en/content/sg/statement/2020-07-18/secretary-generals-nelson-mandela-lecture-%E2%80%9Ctackling-the-inequality-pandemic-new-social-contract-for-new-era%E2%80%9D-delivered

Habermas J. 2019: Auch eine Geschichte der Philosophie. Band 1, Die okzidentale Konstellation von Glauben und Wissen. Frankfurt aM.

Hermann U. 2020: Immer fliegt der Bumerang zurück, in: Wochenzeitung, WOZ Nr. 18/2020 S.11, Zürich.

Hosang M. (Hg.) 2007: Klimawandel und Grundeinkommen. Die nicht zufällige Gleichzeitigkeit beider Themen und ein sozialökologisches Experiment, mit Beiträgen ua. von Kurt Biedenkopf, Ralf Dahrendorf, Erich Fromm oder Petra Kelly, München.
Bei meiner Literaturecherche bin ich auf nur ganz wenige Buch- und Aufsatztitel gestoßen, die sich explizit der Themenkombination Umwelt/Klima und Grundeinkommen widmen. Umso interessierter habe ich diesen Band daraufhin „abgeklopft", ob er in seinen Referenzen auf ihm vorausliegende Arbeiten verweist. Das ist nicht der Fall, was ich auch als Bestätigung meines eigenen Rechercheergebnisses betrachte. Auch die thematisch relativ breite Auswahl an „Hintergrundtexten" legt nahe, dass dies mit die erste Veröffentlichung zu Grundeinkommen und Klima ist.
Eine interessante Bemerkung auf S. 20 würde gut zum Ende des Abschnittes Flugverkehr in Kap. 4C passen. Ich zitiere sie hier: „Immerhin erkannte und äußerste die gegenwärtige deutsche Bundeskanzlerin Angela Merkel in diesem Jahr 2007, dass wir letztlich jedem Menschen der Erde prinzipiell das gleiche Recht auf CO_2-Ausstoß zubilligen müssen. Eine Erkenntnis und mutige Äußerung, deren epochaler sozialökologischer Gehalt bisher offenbar ,rechts', wie ,links' oder ,grün' nur von wenigen erkannt wird."

Illich, I. 1973: Energie, Geschwindigkeit und soziale Gerechtigkeit I, eine verhängnisvolle Illusion, Orientierung Zürich Nr. 20/1973 zit. nach: https://blogs.faz.net/deus/2012/03/06/pseudomobilitaet-sind-wir-mit-dem-auto-wirklich-schneller-722/ Ivan Illich wies mit dem Begriff „Verallgemeinerte Geschwindigkeit" auf die ökonomische (Un-)Vernunft des privaten Autofahrens. Unter Berücksichtigung wirklich aller Kosten (Lohn-Arbeitszeit, die benötigt wird um ein Auto anzuschaffen und zu fahren, die ja mitzukalkulieren ist; Versicherung, Anteil an den volkswirtschaftlichen Kosten von Unfällen …) nach, dass jemand so gerechnet nicht schneller als zu Fuß oder per Fahrrad unterwegs ist – abhängig selbstverständlich von der Verdienstöhe. Die schlecht entlohnte Verkäuferin bleibt so beim Tempo des Fußgängers! Ihr oder ein weit besser verdienender Manager erreicht so betrachtet „immerhin" die Geschwindigkeit eines Radlers. Eine „Sophia Amalie Antoinette Infinitesimalia" hat dies im Blog der FAZ (siehe angeführten Link) für die Gegenwart nachgerechnet und bestätigt im Groben das Ergebnis!

Jensen D., Keith L. McBay A. 2020: Deep Green Resistance: Strategien zur Rettung des Planeten, Wien. Auf einer Buchshopseite (https://mediashop.at/buecher/deep-green-resistance/) werden Auszüge von Rezensionen zu diesem Band wiedergegeben, u.a. wird festgehalten: „Zuerst wird noch einmal an die globalen Gewaltakte gegen natürliches Leben erinnert, nicht zuletzt gegen ihre Gebiete verteidigende Indigene. Solidarität wird beschworen, Mut gefordert." aber, so der Rezensent, vor allem gegen Ende des Bandes in einem zunehmend „sektenhaften" Ton, was ihn das Ganze wie folgt zusammenfassen lässt: „So problematisch dieses Buch ist: Sich mit seinen Inhalten auseinanderzusetzen dürfte für kommende Diskussionen hilfreich sein." Hans Steiger, P.S. Zeitung, Juni 2020

Klementschitz R., Link Ch. 2017: Shared autonomy - Potentiale für den Einsatz gemeinschaftlich genutzter autonomer Fahrzeuge im ländlichen Raum, BOKU Wien. Ich danke dem VCÖ, der mich auf meine Anfrage nach einer Studie zu Faktor T innerhalb von nur einem Tag auf diese Studie aufmerksam gemacht hat! Das im Text angeführte Zitat der Zusammenfassung findet sich unter folgendem Link: https://forschung.boku.ac.at/fis/suchen.projekt_uebersicht?sprache_in=de&menue_id_in=300&id_in=11133

Klimareporter 27.2.2020: Militär ist tödlich, auch für Umwelt und Klima
https://www.klimareporter.de/international/militaer-ist-toedlich-auch-fuer-umwelt-und-klima

Korn J., 2019: Bedingungsloses Grundeinkommen. Ein politisches Instrument zur Überwindung oder Aufrechterhaltung imperialer Lebensweisen? Lüneburg.
https://pub-data.leuphana.de/frontdoor/deliver/index/docId/913/file/Masterarbeit_Jonas_Korn_2019.pdf

Moore J.W. 2020: Die Macht des einen Prozents gerät unter Druck, Wochenzeitung Nr.23/2020. R. Zelik führte mit J.W. Moore ein Interview anlässlich des Erscheinens von dessen lesenswertem Buch: Kapitalismus im Lebensnetz, Berlin 2019

Moosmann J. 2020: Corona-Virus: Menschheit am Scheideweg,
https://www.dreigliederung.de/essays/2020-05-johannes-mosmann-corona-virus-menschheit-am-scheideweg

Nestle E. 2019: Klimakiller Fliegen,
https://wingmag.com/klimakiller-fliegen-teil-1-wie-sehr-schadet-fliegen-wirklich

Pinker, S., 2018: Aufklärung Jetzt. Für Vernunft, Wissenschaft, Humanismus und Fortschritt. Eine Verteidigung, Frankfurt aM.

ORF, 6.7.2019: CO_2-Fußabdruck des US-Militärs riesig, https://orf.at/stories/3128002/

Rüthemann, G., 2013: Sonnenfinsternis 2064, Eine Zeitreise. Roman, Norderstedt (BoD).

Shah, S., 2020: Woher kommt das Coronavirus? Le Monde diplomatique, Ausgabe Schweiz, März 2020, S. 8.

Sara, K., 2020: Dieser Wahnsinn muss aufhören, in: Der Standard, 16./17.Mai 2020, S. 34.

Schachtschneider, U., oJ: Ökologisches Grundeinkommen: Ein Einstieg ist möglich;
https://web.ecogood.org/media/filer_public/b7/2a/b72a301e-fd11-4d1b-bbe9-48258fc069f3/
schachtschneider_oge_einstieg_ist_moglich.pdf

Schloen, B. 2020: Grundeinkommen und seine Finanzierung : Klimasolidarisch und menschenwürdig, Wiesbaden.

Schupp F. 1990: Schöpfung und Sünde, Von der Verheißung einer wahren und gerechten Welt, vom Versagen der Menschen und vom Widerstand gegen die Zerstörung, Düsseldorf.

Schupp F. 2003: Geschichte der Philosophie im Überblick. Band 2 Christliche Antike und Mittelalter, Hamburg.

Süddeutsche vom 23.7.2019: Grafiken: Wie sehr Fliegen dem Klima schadet,
https://www.sueddeutsche.de/wissen/klima-fliegen-co2-grafik-1.4534651

SWM 2020 im Dossier: Ausgeträumt: Wieso wir nicht einfach weiterfliegen können, Südwind-Magazin 6-7, Wien 2020, S. 26-37. Auf S. 37 mit weiterführenden Links zu: „Es geht anders".

TA, Tagesanzeiger Zürich, 26.7.2019: US-Militär verschmutzt Umwelt,
https://www.tagesanzeiger.ch/wissen/natur/das-usmilitaer-verschmutzt-die-umwelt-staerker-als-140-laender/story/23828059

Umweltbundesamt 2019: Wohin führt die Reise, Dessau-Roßlau, Publikation als pdf zum Download:
https://www.umweltbundesamt.de/publikationen/wohin-geht-die-reise

Wignaraja K. 6.5.2020: Interview mit UN-News am 6.5.2020: https://news.un.org/en/story/2020/05/1063312

Wignaraja K. 13.7.2020: „UBI is needed as part of package..." https://basicincometoday.com/assistant-secretary-general-of-the-un-ubi-is-needed-as-part-of-package-that-will-help-us-get-out-of-this-yawning-pit/

Wikipedia, SDG: https://de.m.wikipedia.org/wiki/Ziele_f%C3%BCr_nachhaltige_Entwicklung

Zeit online, 2018: Die Hölle am Himmel,
https://www.zeit.de/2018/33/flugverkehr-fliegen-flughafen-chaos-billigflieger-vielflieger

Abbildungen/Rechte:

S. 5, 8: Privat
S. 6, 16, 54, 59: aus freien Internetseiten
S. 11: © Wiener Festwochen / H.Bortz
S. 12, 47: © Paul Ettl, Linz
S. 18: © Mein Grundeinkommen e.V. (https://www.mein-grundeinkommen.de/)
S. 22, 24: © Mein Grundeinkommen e.V. / Fabian Melber
S. 42: © Jan v. Holleben (https://www.janvonholleben.com)

Bei ganz wenigen Bildern waren leider die Rechteinhaber*innen nicht auszuma-
chen. Auch hier freuen wir uns sehr, wenn diese Rechte allenfalls ebenfalls unentgeltlich zur Verfügung gestellt würden. Andernfalls wird (mit der Bitte um Verständnis) um eine entsprechende Rückmeldung an die e-mail Adresse des Autors ersucht:
guido.ruethemann@24speed.at
Die meisten Rechte wurden von den Rechteinhabern für diese Veröffentlichung
kostenlos zur Verfügung gestellt. *Dafür ein ganz herzliches Danke-Schön!*

Europäische Bürger*innen-Initiative für ein bedingungsloses Grundeinkommen: http://www.eci-ubi.eu/

Österreichisches Volksbegehren: https://www.volksbegehren-grundeinkommen.at/

Mach bitte mit und unterschreibe !

Gewinne ein Grundeinkommen !
www.ubi4all.eu

Nimm teil an der Verlosung!

Sobald 9.600,- € an Spenden eingegangen sind,
startet eine neue Verlosung!
Unterstütze das Zusammenkommen mit einer Spende!

Koordinierend für Österreich mit dabei: Roswitha MINARDI und Paul ETTL
beide im Vorstand von: www.das-grundeinkommen.org